Books on Demand

AF388206

„In Zeiten des universellen Betruges ist es ein revolutionärer Akt, die Wahrheit zu sagen."
George Orwell

"Man muß das Wahre immer wiederholen, weil auch der Irrtum um uns herum immer wieder gepredigt wird.
Und zwar nicht von einzelnen, sondern von der Masse."
Johann Wolfgang von Goethe

Wer die Wahrheit nicht kennt, ist nur ein Dummkopf. Wer sie aber kennt, und sie eine Lüge nennt ist ein Verbrecher.
Galileo Galilei

Die Wahrheit ist eine unzerstörbare Pflanze. Man kann sie ruhig unter einen Felsen vergraben, sie stößt trotzdem durch, wenn es an der Zeit ist.
Frank Thiess

Nur die Lüge braucht die Stütze der Staatsgewalt, die Wahrheit steht von alleine aufrecht.
Benjamin Franklin

„Man kann alle Leute einige Zeit und einige Leute alle Zeit, aber nicht alle Leute alle Zeit zum Narren halten"
Abraham Lincoln

Wer die Wahrheit hören will, den sollte man vorher fragen, ob er sie ertragen kann.
Ernst R. Hauschka

Für einen Politiker ist es gefährlich, die Wahrheit zu sagen. Die Leute könnten sich daran gewöhnen, die Wahrheit hören zu wollen.
George Bernard Shaw

VERSCHWIEGENE WAHRHEIT
Die Enthüllung der geheimen Weltgeschichte

Wahrheit (von westgermanisch wara, das wie lateinisch verus zu indogermanisch uero gehört; griechisch Aletheia; lateinisch veritas, wirklicher Sachverhalt) ist einer der wichtigsten philosophischen Grundbegriffe.

Es sind die Fragen nach dem Begriff von Wahrheit (Wahrheitsdefinition) und nach deren Kriterium zu unterscheiden: Bei der Frage nach dem Begriff der Wahrheit kann man in einem ersten alltagssprachlichen Zugang die „Wahrheit" grundsätzlich von der Falschheit, der Lüge oder dem Irrtum abgrenzen.

Was ist Wahr? Was ist unsere Wirklichkeit?
Wir leben in einer Scheinwelt die man uns vorgaukelt um uns vor der Wahrheit abzulenken. Wahrheit kann man nicht erklären. Jeder muss sie selbst erleben und seine Wahrheit finden. Dieses Buch möchte vergessene und verschwiegene Wahrheiten wieder ans Tageslicht bringen. Wahrheiten die unglaublich sind und einen aufrütteln.

Books on Demand GmbH

VORWORT

Das Höhlengleichnis ist eines der bekanntesten Gleichnisse der antiken Philosophie. Es stammt vom griechischen Philosophen Platon (427–347 v. Chr.) aus dem siebten Buch seines Hauptwerkes Politeia, dessen Abfassung auf das Jahr 370 v. Chr. geschätzt wird.

Platon beschreibt einige Menschen, die in einer unterirdischen Höhle von Kindheit an so festgebunden sind, dass sie weder ihre Köpfe noch ihre Körper bewegen und deshalb immer nur auf die ihnen gegenüber liegende Höhlenwand blicken können. Licht haben sie von einem Feuer, das hinter ihnen brennt. Zwischen dem Feuer und ihren Rücken befindet sich eine Mauer. Hinter dieser Mauer werden Bilder und Gegenstände vorbeigetragen, die die Mauer überragen und Schatten an die Wand werfen. Die „Gefangenen" können nur diese Schatten der Gegenstände wahrnehmen. Wenn die Träger der Gegenstände sprechen, hallt es von der Wand so zurück, als ob die Schatten selber sprächen. Da sich die Welt der Gefangenen ausschließlich um diese Schatten dreht, deuten und benennen sie diese, als handelte es sich bei ihnen um die wahre Welt.

Platon (bzw. Sokrates) fragt nun, was passieren würde, wenn man einen Gefangenen befreien und ihn dann zwingen würde, sich umzudrehen. Zunächst würden seine Augen wohl schmerzlich vom Feuer geblendet werden, und die Figuren würden zunächst weniger real erscheinen als zuvor die Schatten an der Wand. Der Gefangene würde wieder zurück an seinen angestammten Platz wollen, an dem er deutlicher sehen kann.

Weiter fragt Platon, was geschehen würde, wenn man den Befreiten nun mit Gewalt, die man jetzt wohl anwenden müsste, an das Sonnenlicht brächte. Er würde auch hier zuerst von der Sonne geblendet werden und könnte im ersten Moment nichts erkennen. Während sich seine Augen aber langsam an das Sonnenlicht gewöhnten, würden zuerst dunkle Formen wie Schatten und nach und nach auch hellere Objekte bis hin zur Sonne selbst erkennbar. Der Mensch würde letztlich auch erkennen, dass Schatten durch die Sonne geworfen werden.

Erleuchtet würde er um keinen Preis sein altes Leben in der Höhle wiederaufnehmen wollen und wenn er es doch täte, über seine Erkenntnisse berichten. Da sich seine Augen nun jedoch umgekehrt erst wieder an die Dunkelheit gewöhnen müssten, könnte er (zumindest anfangs) die Schattenbilder nicht erkennen und gemeinsam mit den anderen deuten. Aber nachdem er die Wahrheit erkannt habe, würde er das auch nicht mehr wollen. Seine Mitgefangenen nähmen ihn als Geblendeten wahr und schenkten ihm keinen Glauben: Man würde ihn auslachen und „von ihm sagen, er sei mit verdorbenen Augen von oben zurückgekommen". Damit ihnen nicht dasselbe Schicksal zukäme, brächten sie von nun an jeden um, der sie *„erlösen und hinaufbringen"* wollte.

INHALTSVERZEICHNIS:

1.0 GEHEIMDIENSTE
1.1 Celler Loch – Wie der Verfassungsschutz ein Anschlag auf ein deutsches Gefängnis verübte
1.2 Journalisten-Skandal – Bundesnachrichtendienst bespitzelt deutsche Journalisten
1.3 Plutonium-Affäre – Deutscher Geheimdienst transportiert Plutonium in einer Passagiermaschine
1.4 Gladio – Die Nato gründete eine paramilitärische Geheimorganisation
1.5 CIA-Aktivitäten in Chile – Die CIA schürt Unruhe in Südamerika
1.6 AIR AMERICA – Staatlich organisierter Drogenhandel
1.7 Operation Ajax – Die CIA stürzt iranischen Premierminister
1.8 Operation PBSUCCESS – Die CIA bekämpft die Demokratie
1.9 Invasion in der Schweinebucht – Die USA greift Kuba an
1.10 Rainbow Warrior – Der französische Geheimdienst versenkt das Schiff von Greenpeace
1.11 MKULTRA – Die CIA führt tödliche Menschenversuche durch
1.12 ECHELON – Die USA bespitzelt Bürger und betreibt Wirtschaftsspionage

2.0 UMWELT UND GESUNDHEIT
2.1 Heroin - Heroin wurde als Hustenmittel verkauft
2.2 Cannabis / Marihuana – Warum Hanf wirklich verboten wurde
2.3 Anthrax-Anschläge – Anthrax kam aus US-Biowaffenlabor
2.4 Waldsterben ein deutsches Medienphänomen
2.5 CO2 – Die Lüge über Kohlenstoffdioxid
2.6 Hackerzwischenfall am Klimaforschungszentrum der University of East Anglia
2.7 Schweinegrippe – Pharmaunternehmen schüren Todesangst und verdienen daran prächtig

3.0 PERSONEN UND ORGANISATIONEN
3.1 Theodor Herzl – Wie aus einem Roman der Staat Israel wurde
3.2 Henry Kissinger – Ehemaliger US-Außenminister ist ein gesuchter Kriegsverbrecher
3.3 Prescott Bush – Der Vorfahre zweier US-Präsidenten bereicherte sich durch NS-Sklavenarbeit
3.4 Skull & Bones – Das mystische, soziale Netzwerk der Elite
3.5 Atlantik-Brücke – Ein Brückenschlag zwischen den deutschen und amerikanischen Lobbyisten
3.6 Bilderberg-Konferenz – Ein streng geheimes Treffen von Wirtschaft und Politik

3.7 Project for the New American Century – Welche Denkfabriken die USA
    lenken
3.8 Howard Hunt - Der skrupellose CIA-Geheimdienstmitarbeiter

4.0 POLITIK

4.1 Überfall auf den Sender Gleiwitz – Ein fingierter Anschlag startet den
    2. Weltkrieg
4.2 Reichskonkordat – Ein Vertrag zwischen Hitler und dem Vatikan
4.3 Operation Northwoods – Die USA startete einen Pyschokrieg gegen Kuba
4.4 Tonkin-Zwischenfall – Die USA begann den Krieg gegen Vietnam
4.5 Nijirah al-Sabah – Die Brutkastenlüge
4.6 Wie man sich eine Elite „heranzüchtete" und welche Konsequenzen dies
    hatte
4.7 Die Lawon-Affäre – Wie man Hass und Zwiespalt sät
4.8 McCarthy-Ära – Die Kommunistenverfolgung in der USA
4.9 110.000 japanischstämmige Amerikaner wurden in
    US-Konzentrationslagern eingesperrt
4.10 Chrome-Dome – Amerikanische Atombomben über Europa
4.11 Fichenskandal – Die Schweiz läst Ihre eigene Bürger bespitzeln

5.0 RELIGIONEN

5.1 Konzil von Niccäa – Aus einem Prediger wurde Gott
5.2 Kaiser Konstantin aus dem Sonnengott Sol Invictus wird Christus/Gott
5.3 Ägyptische Totenbuch / Woher die 10 Gebote kommen
5.4 Fluchthilfe für Nationalsozialisten durch den Vatikan
5.5 Glaubensinhalte der Mormonen – Joseph Smith
5.6 Glaubensinhalte von Scientology – Der Xenu-Mythos
5.7 Die Konstantinische Schenkung – Der Vatikan fälscht Dokumente
5.8 Dictatus Papae – Der Vatikan wird größenwahnsinnig

6.0 WIRTSCHAFT

6.1 Erster Opiumkrieg – Opiumimport zur Durchsetzung der kolonialen
    Wirtschaftsinteressen
6.2 Goldverbot in den USA
6.3 Volkswagen – Deutscher Diktator gründet Automobilkonzern
6.4 FED – Wie Privatbanken den US-Kongress austricksten
6.5 Phöbuskartell – Die Brenndauer der Glühlampe wurde festgelegt
6.6 BCCI – Der 20 Milliarden Raub
6.7 Die I.G. Farben und der NS-Staat
6.8 Das geheime Ersatzgeld der Deutschen Bundesbank

1.0 GEHEIMDIENSTE

1.1 Celler Loch – Wie der Verfassungsschutz ein Anschlag auf ein deutsches Gefängnis verübte

Als Celler Loch wurde ein Loch bekannt, das im Rahmen der Aktion Feuerzauber am 25. Juli 1978 in die Außenmauer der Justizvollzugsanstalt Celle gesprengt wurde. Der Anschlag war von der niedersächsischen Landesbehörde für Verfassungsschutz als False-Flag-Operation fingiert worden. Unter dem Schlagwort Celler Loch wurde auch die sich daraus ergebende Affäre bundesweit bekannt.

Der Verfassungsschutz beabsichtigte angeblich, mit diesem Anschlag einen Informanten in die RAF einzuschleusen. Der Anschlag sollte als ein Befreiungsversuch für Sigurd Debus erscheinen, der als mutmaßlicher Terrorist der RAF im Celler Hochsicherheitsgefängnis (JVA) einsaß.

Als involviert und informiert gelten der niedersächsische Verfassungsschutz, die auf Anforderung beim Bundesgrenzschutz tätig gewordene GSG 9, die Landesregierung unter Ernst Albrecht (CDU) sowie die Anstaltsleitung. Das Bundesinnenministerium – als vorgesetzte Behörde der GSG 9 –, das Bundesamt für Verfassungsschutz, die Bundesregierung und die Landespolizei sollen vorab nicht informiert worden sein.

Vorbereitung und Durchführung
Der Verfassungsschutz präparierte einen gestohlenen Mercedes SL mit Munition und gefälschten Pässen, darunter auch ein Pass mit dem Foto von Debus. Vordrucke und Dienstsiegel stammten aus Einbrüchen bei Behörden. Bei der Beschaffung des Autos hatte der Privatagent Werner Mauss mitgewirkt; Fahrer war ein Mitarbeiter des Verfassungsschutzes. Das Auto war im Januar 1978 bei einer Polizeikontrolle in Salzgitter sichergestellt worden, der Fahrer hatte sich dabei durch Flucht der Überprüfung entzogen.

Zur Durchführung des Anschlags hatte der Verfassungsschutz zwei Kriminelle - Klaus-Dieter Loudil und Manfred Berger - angeworben. Loudil wurde später den Medien als Tatverdächtiger präsentiert. Am 25. Juli 1978 wurde die Bombe gezündet und hinterließ nur geringen Sachschaden. Zu einem Ausbruch kam es nicht.

Der Verfassungsschutz hatte Ausbruchswerkzeug in Debus' Zelle schmuggeln lassen, das bei der dem Anschlag folgenden Durchsuchung gefunden wurde und die Tatbeteiligung von Debus beweisen sollte. Als weiterer „Beweis" wurde das so genannte „Dellwo-Papier" veröffentlicht, das von dem RAF-Mitglied Karl-Heinz Dellwo verfasst worden war, der an der Geiselnahme von Stockholm 1975 beteiligt war. In diesem Schreiben wird erklärt, dass „durch Anschläge auf den äußeren Bereich von Vollzugsanstalten" eine „Zusammenlegung einsitzender Terroristen zu Interaktionsgruppen" erreicht werden sollte.

Erwartungsgemäß konnten die Täter nicht gefasst werden. Verschiedene Personen wurden von den Medien als angebliche Täter ins Gespräch gebracht.

Die bewusst ungerechtfertigten Vorwürfe und damit einhergehenden Verschärfungen der Haftbedingungen führten zu einem Hungerstreik durch Sigurd Debus. Anträge auf Hafterleichterungen wurden mit Hinweis auf den Sprengstoffanschlag ausdrücklich abgelehnt. 1979 wurde er in die JVA Hamburg-Fuhlsbüttel verlegt. Dort beteiligte er sich im Februar 1981 an einem Hungerstreik der Gefangenen aus der RAF. Sigurd Debus starb am 16. April 1981 an den Folgen des Hungerstreiks kurz vor seiner anstehenden Haftentlassung.

Politische Folgen

1986 wurde bekannt, dass nicht die linksradikale Terroristenszene für den Anschlag verantwortlich war, sondern der Verfassungsschutz und die GSG 9, angeblich um einen V-Mann in die RAF einzuschleusen. Die von den Medien als Täter vorgestellten Personen waren V-Männer des Verfassungsschutzes. Ulrich Neufert wurde für seinen Artikel über die Affäre in der Hannoverschen Allgemeinen Zeitung 1986 mit dem „Wächterpreis der deutschen Tagespresse" ausgezeichnet.

Daraufhin musste sich die Regierung Ernst Albrecht (CDU) vor einem Untersuchungsausschuss des niedersächsischen Landtags verantworten. In diesem stellte die Regierung Albrecht die Aktion als mindestens achtbaren Erfolg dar (Zugang zu Terrorismus, Ausbruch vereitelt, Waffen gefunden), obwohl diese Behauptungen widerlegt werden konnten.

In diesem Zusammenhang geriet Innenminister Wilfried Hasselmann (CDU) unter Druck, bis er 1988 im Zuge der Spielbankenaffäre von seinem Regierungsamt zurücktrat. Damaliger Justizminister war Hans-Dieter Schwind (CDU).

1.2 Journalisten-Skandal – Bundesnachrichtendienst bespitzelt deutsche Journalisten

Der so genannte Journalisten-Skandal des Bundesnachrichtendienstes (BND) basiert auf der im Jahre 2005 in der Bundesrepublik Deutschland publik gewordenen Überwachung verschiedener, auch kritisch über den Geheimdienst berichtenden, Journalisten in der Zeit von 1993 bis mindestens 1998.
Die Angelegenheit kam dadurch ans Tageslicht, dass einer der Betroffenen, der Publizist und Leiter des Weilheimer Friedensinstituts Erich Schmidt-Eenboom, der durch eigene Recherchen auf die Überwachung gestoßen war und dem sich einer seiner Bewacher offenbart hatte, sich im Juni 2005 an den BND wandte, um Aufklärung über seine Bespitzelung zu erhalten. Im Juli 2005 habe er darauf zunächst von einem Beamten des BND offiziell erfahren, dass „sein Büro im Jahre 1994 durch eine Videokamera überwacht worden" sei. Mittlerweile lägen ihm drei eides-

stattliche Versicherungen früherer BND-Leute über den Ablauf vor. Danach wurde das gesamte Weilheimer Friedensinstitut vom Kommando „QC30" des BND video-überwacht und alle Besucher identifiziert.

Ausmaß und Motivlage
Der BND hatte nach eigenen Angaben dadurch eigene Leute entdecken wollen, die Informationen aus dem Nachrichtendienst weitergegeben haben sollen. Schmidt-Eenboom hatte 1994 das Buch Der BND verfasst, in welchem unter anderem Schwachstellen des BND offenbart worden seien. Laut Untersuchungsausschuss-Mitglied Michael Hartmann im Bericht des Sonderermittlers und ehemaligen Vor-sitzenden Richters am BGH Gerhard Schäfer hätten die BND-Aktivitäten aber all-gemein der Erlangung von Kenntnissen über die Medien gedient.

Im Mai 2006 wurde nach einem Bericht des Sonderermittlers Gerhard Schäfer ebenfalls unter anderem bekannt, dass der BND jahrelang sich mit Spitzeln infor-mierte um mögliche Geheimdienstmitarbeiter zu enttarnen, die unter anderem in der Plutonium-Affäre Insiderwissen weitergegeben hätten. Außerdem wurde der Journalist Jo Angerer, der für das TV-Magazin Monitor arbeitet, überwacht. Die Berliner Zeitung berichtete, dass auch Telefone von Journalisten abgehört wurden. Laut einem Monitor-Bericht sollen Mitarbeiter der operativen BND-Abteilungen mit dem Amt für den Militärischen Abschirmdienst und der Bayerischen Landesbehörde für Verfassungsschutz zusammengearbeitet haben.

Bespitzelungen
Der BND verwendete für die Bespitzelungen teils jedoch kein eigenes Personal. Mehrere Journalisten von Mainstreammedien hatten den Geheimdienst kontaktiert und angeboten, auch gegen Geldzahlungen, Informationen über investigative Journalisten weiterzugeben. Dies ergab sich aus dem Sachverständigenbericht des Bundestagkontrollausschusses und wurde vom BND-Direktor Volker Foertsch am 12. Februar 2009 vor dem BND-Untersuchungsausschuss bestätigt. In den meis-ten Medien wurde dieser Sachverhalt nicht thematisiert.

Laut Michael Hartmann, Mitglied im BND-Untersuchungsausschuss, ging es um „Informationen bis hin zum Quellenverrat, beziehungsweise dem Verrat von Quel-len anderer Journalisten". Unter anderem Journalist Erwin Decker (BND-Deckname: Bosch; früher Focus, heute Spiegel online) gab laut Schäfer-Bericht Informationen an den BND weiter. Die Notizen von Foertsch über weitergegebene Informationen vom Focus-Redakteur Josef Hufelschulte (BND-Deckname: Jerez) umfassen gar 219 Seiten. Hufelschulte wurde als wichtige Informationsquelle vom BND jedoch selbst ebenfalls überwacht.

Verantwortung für die Überwachungen
Die Überwachung von Journalisten durch den BND wurde offiziell erst am 10. No-vember 2005 durch den damaligen Präsidenten der Behörde, August Hanning in einer Pressekonferenz bestätigt. Hierbei wurde bekannt, dass der BND im Zeit-raum ab 1993 begonnen hatte – offensichtlich mit Wissen und Billigung seines damaligen Präsidenten Konrad Porzner – deutsche Journalisten (unter anderem

Erich Schmidt-Eenboom), die zuvor kritisch über den BND berichtet hatten, zu bespitzeln und zu überwachen, um die Quellen der Journalisten zu enttarnen, die man in den eigenen Reihen vermutete. Ob die Nachfolger Porzners über die Aktion, die bis mindestens 1998 angedauert haben soll, informiert waren, ist derzeit noch unklar. Hanning bestreitet dies jedenfalls für seine Person. Neben dem zuständigen Parlamentarischen Kontrollgremium soll nach eigenen Angaben auch die Bundesregierung über die Jahre nicht informiert worden sein. Laut Foertschs Aussage im Februar 2009 war aber mindestens Bernd Schmidbauer als damaliger Staatsminister im Kanzleramt informiert gewesen.

Präsidenten des BND während der Überwachungsaktionen waren Konrad Porzner (3. Oktober 1990 bis 31. März 1996), Gerhard Güllich (kommissarisch vom 1. April 1996 bis 4. Juni 1996) und Hansjörg Geiger vom 4. Juni 1996 bis 17. Dezember 1998.

1.3 Plutonium-Affäre – Deutscher Geheimdienst transportiert Plutonium in einer Passagiermaschine

Die Plutonium-Affäre beschreibt die Hintergründe des im Jahr 1994 vom Bundesnachrichtendienst (BND) veranlassten illegalen Transports von mehr als 360 Gramm radioaktiven Plutoniums mit einer Maschine der Lufthansa von Moskau nach München.

Plutoniumschmuggel

Im August 1994 wurden der Kolumbianer Justiniano Torres Benítez und die beiden Spanier Julio Oroz Eguia und Javier Bengoechea Arratibel von der bayerischen Polizei am Flughafen München bzw. in einem Münchner Hotelzimmer festgenommen. Der am 10. August 1994 mit einer Boeing 737 der Lufthansa aus Moskau kommende Torres Benítez führte im Gepäck 363,4 Gramm radioaktives Plutonium mit sich, welches bereits zu mehr als 87 % zu waffenfähigem Plutonium 239 angereichert war. Weiterhin wurden bei Torres Benítez mehr als 400 Gramm des zum Bau von Wasserstoffbomben notwendigen Lithium 6 gefunden.

Torres Benítez, Oroz Eguia und Bengoechea Arratibel wurden daraufhin wegen Verstoßes gegen das Kriegswaffenkontrollgesetz angeklagt. Während BND-Präsident Konrad Porzner noch kurz vor Prozessbeginn im April 1995 dementierte den Plutoniumschmuggels initiiert zu haben, enthüllte das Nachrichtenmagazin Der Spiegel im gleichen Monat den Bundesnachrichtendienst als Auftraggeber. Der BND beansichtigte im Rahmen der sogenannten Operation Hades den Nachweis zu führen, dass weltweit mit zum Bau von Atomwaffen geeignetem Plutonium Handel getrieben wurde. Hauptkritikpunkt am Vorgehen des BND war, dass die Operation Hades ohne zwingenden Grund ein Scheingeschäft provozierte, in dessen Verlauf

Plutonium unter Außerachtlassung aller Sicherheitsvorkehrungen nach Deutschland geschmuggelt wurde.

Untersuchungsausschuss
Die Affäre zog als Konsequenz einen Untersuchungsausschuss des Bundestages im Mai 1995 nach sich.Vor dem Plutonium-Untersuchungsausschuss berichtete der spanische BND-V-Mann Rafael Ferreras Fernandez (genannt „Rafa"), das Bindeglied zu den Zwischenhändlern und dem BND-Residenten und BKA-Mitarbeiter Peter Fischer-Hollweg in Madrid, dass mit Wissen des BND am 10. August 1994 Plutonium via Lufthansa von Moskau nach München geschmuggelt wurden, um auf dem Münchner Flughafen einen politisch nutzbaren Fahndungserfolg vor den Wahlen in Bayern und der Bundestagswahl zu inszenieren. Zusätzlich gab Ferreras Fernandez an, vor den Gerichtsverhandlungen in München „massiv" durch Mitarbeiter des Bundesnachrichtendienstes bedrängt worden zu sein, um dort die Unwahrheit zu sagen. So habe er um das Leben seiner Frau und seines Kindes fürchten müssen.

Im Juli 1998 kam der Ausschusss zu dem Ergebnis, dass „der BND weder in München noch in seiner Residentur in Madrid diesen Plutoniumfall eingefädelt habe. Ferner habe der BND das Bundeskanzleramt sach- und zeitgerecht informiert. Dieses habe dann seine Rechts- und Fachaufsicht ordnungsgemäß ausgeübt. Es habe keine rechtswidrige Einflussnahme aus dem Bereich des Kanzleramts auf Entscheidungen der an diesem Fall beteiligten Behörden gegeben." Weiterhin hätte die „bayerische Polizei mit der Münchner Staatsanwaltschaft das behördliche Handeln bestimmt." Die Herkunft des Plutoniums konnte nie abschließend geklärt werden, einzig wurde festgestellt, dass es nicht aus Westeuropa stamme.

1.4 Gladio – Die Nato gründete eine paramilitärische Geheimorganisation

Gladio eine paramilitärische Geheimorganisation der NATO, der CIA, MI6
Die Gladio-Mitglieder (ital. vom lateinischen gladius für „Schwert"), eigentlich Stay-behind-Organisation, war eine paramilitärische Geheimorganisation der NATO, der CIA und des britischen MI6 während des Kalten Krieges. Die Gladio-Mitglieder sollten nach einer sowjetischen Invasion Westeuropas Guerillaoperationen und Sabotage durchführen. Die Organisation existierte von etwa 1950 bis mindestens 1990 und arbeitete in Westeuropa, in Griechenland und in der Türkei. Die Organisation wird mit Terrorakten und Morden in mehreren europäischen Ländern in Verbindung gebracht. Die Europäische Union verurteilte 1990 das Vorgehen der beteiligten Geheimdienste und forderte die Mitgliedsstaaten zur Aufklärung auf. In Belgien, Italien und dem Nicht-EU-Land Schweiz wurden parlamentarische Untersuchungskommissionen dazu eingesetzt.

Gründung und Ziele

Ab Anfang der 1950er Jahre wurden besonders in Italien, aber auch in fast allen anderen westeuropäischen Ländern Agenten ausgebildet, die im Fall einer Besetzung des jeweiligen Landes durch Truppen des Warschauer Pakts Guerillaoperationen und Sabotage durchführen sollten (so genannte Stay-Behind-Operationen). Zu diesem Zweck wurden europaweit geheime, illegale Waffendepots angelegt. Als Vorbild diente das Special Operations Executive, eine britische Spezialeinheit, die während des Zweiten Weltkrieges selbst verdeckte Operationen hinter feindlichen Linien ausführte und Widerstandsgruppen wie die Résistance unterstützte und ausbildete. Die Mitglieder der so gebildeten Geheimarmeen rekrutierten sich unter anderem aus militärischen Spezialeinheiten, Geheimdienstkreisen und Rechtsextremisten, letztere teilweise mit kriminellem, in der Bundesrepublik Deutschland auch nationalsozialistischem Hintergrund.

Höchste Geheimhaltungsstufe

Die Existenz der Untergrund-Armeen wurde vor der Bevölkerung und den Parlamenten geheim gehalten und war in den einzelnen Ländern jeweils nur einem kleinen Kreis von Regierungsmitgliedern bekannt. In den einzelnen Ländern wurde die Anwerbung und Führung der Agenten meist von Unterabteilungen der jeweiligen nationalen Geheimdienste übernommen, in der Bundesrepublik Deutschland von einer eigenen Dienststelle des Bundesnachrichtendienstes. Die militärische Befehlsgewalt hatten die geheimen Kommandostellen Allied Clandestine Committee und Clandestine Planning Committee im NATO-Hauptquartier SHAPE im belgischen Mons.

Herkunft des Namens Gladio als Gesamtbezeichnung

Als erste der bei der NATO intern stay behind genannten Geheimarmeen wurde 1990 der italienische Zweig mit dem Codenamen Gladio aufgedeckt. Der Begriff entwickelte sich in Folge zu einer Bezeichnung für alle europäischen Geheimarmeen, obwohl diese unter unterschiedlichen Decknamen agierten, zum Beispiel SDRA8 in Belgien, BDJ-TD in Deutschland, Red Sheepskin in Griechenland, Absalon in Dänemark, O bzw. I in den Niederlanden und Counter-Guerilla in der Türkei.

Auflösung

Die Einheiten wurden in mehreren Ländern nach Bekanntwerden der Operation und dem Zerfall der Sowjetunion 1990 offiziell aufgelöst, etwa in Italien und Frankreich. Die geheimen Waffendepots der deutschen Geheimarmee waren nach Angaben des deutschen Kanzleramtsministers Lutz Stavenhagen bereits 1972 aufgelöst und die darin befindlichen Pistolen zerstört worden. Ab diesem Zeitpunkt habe sich die deutsche Geheimarmee nur noch mit dem Funkkommunikations- und Evakuierungstraining befasst. Angesichts von Funden von großen Mengen an Kriegswaffen in illegalen unterirdischen Verstecken nach diesem Zeitpunkt, unter anderem im Fall Lembke 1981 (siehe unten), wurden diese Angaben jedoch von dem Schweizer Historiker Daniele Ganser angezweifelt. Im Dezember 1990 gab die Bundesregierung in einer Pressemitteilung bekannt, dass der deutsche Zweig im April 1991 vollständig aufgelöst werden solle.

Struktur
Die Stay-behind-Offiziere trainierten zusammen mit den US-amerikanischen Special Forces und dem britischen Special Air Service, etwa auf einem geheimen Militärstützpunkt bei Capo Marrargiu auf Sardinien. Im Umfeld der Mitglieder der Geheimarmeen gab es einen Kreis von zivilen Unterstützern, die erst im Ernstfall des Einmarschs von Sowjettruppen aktiviert werden sollten. Die Einheiten wurden über CIA und MI6 unter anderem mit Maschinengewehren, Sprengstoff, Munition und Funkgeräten ausgestattet. Diese wurden in geheimen Waffenlagern versteckt, die sich in Erdverstecken, vor allem in Waldgebieten, oder in unterirdischen Bunkern befanden.

Der deutsche Ex-BND-Agent Norbert Juretzko war als Anwerber für Unterstützer in Deutschland tätig. Seinen Angaben nach rekrutierte er diese unter normalen Bundesbürgern, die eine Funkausbildung sowie ein militärisches Funkgerät erhielten und im Ernstfall vor allem Kommunikationsaufgaben übernehmen sollten.

Da weder die beteiligten Geheimdienste noch die NATO Dokumente über die Stay-behind-Netzwerke veröffentlicht haben, existieren über die Zahl der beteiligten Personen nur wenige Angaben. So gab der ehemalige SS-Mann Hans Otto im Jahr 1952 an, dass die deutsche Stay-behind-Einheit BDJ-TD (siehe unten) aus etwa 100 Personen bestand, die überwiegend ehemalige SS- und Wehrmachtsangehörige waren.

Terror als politisches Instrument
1984 untersuchte der venezianische Untersuchungsrichter Felice Casson ein bis dahin ungeklärtes Bombenattentat aus dem Jahr 1972. Fünf Carabinieri (eine italienische Polizeieinheit) hatten damals einen nahe der Ortschaft Peteano an einer Landstraße abgestellten Fiat 500 untersucht. Als sie den Kofferraum öffneten, wurden drei der Männer durch eine dadurch ausgelöste Bombe getötet. Als Urheber des Anschlags war die linksextreme Terrororganisation Rote Brigaden benannt worden, die Täter wurden jedoch nie ermittelt. Casson fand zahlreiche auffällige Unstimmigkeiten in den früheren Untersuchungsergebnissen, die auf gezielte Manipulation und Beweisfälschung deuteten. Schließlich führten ihn seine Ermittlungen auf die Spur des eigentlichen Täters, des Rechtsextremisten Vincenzo Vinciguerra, der ein umfangreiches, folgenreiches Geständnis ablegte.

Vinciguerra sagte aus, dass er von Personen aus dem Staatsapparat gedeckt worden sei und dass das Attentat Teil einer umfassenden Strategie gewesen sei, die Casson später als Strategie der Spannung bezeichnete. Casson ermittelte daraufhin weiter und deckte nach Recherchen in den Archiven des Militärgeheimdienstes SISMI 1990 die Existenz einer hochgeheimen komplexen Struktur innerhalb des italienischen Staates auf. Er fand heraus, dass Mitarbeiter des SISMI beziehungsweise von dessen Vorgänger SID, Neofaschisten und Teile des Gladio-Netzwerks von den 1960ern bis in die 1980er Jahre zahlreiche politisch motivierte Terroranschläge und Morde in Italien begangen hatten. Dabei hatte ein informelles Netzwerk von Personen in staatlichen Stellen durch Verbreitung von Falschinformationen und Fälschung von Beweisen dafür gesorgt, dass die Verbrechen linksextremen Terroristen zugeordnet wurden, vor allem den Roten Brigaden. Die Vorgehensweise zielte darauf ab, die öffentliche Meinung zu Ungunsten der traditionell starken italienischen Kommunistischen Partei (KPI) zu beeinflussen. Auf diese Weise sollte deren Beteiligung an einer Regierung und eine dadurch befürchtete „kommunistische Unterwanderung" der NATO verhindert werden. Eine zentrale Rolle spielte dabei auch die „wilde Loge" Propaganda Due unter Licio Gelli.

Offizielle Darstellung und Untersuchungen

Der Bevölkerung wurde Gladio erstmals bekannt, als der damalige italienische Ministerpräsident Giulio Andreotti am 3. August 1990 im Rahmen einer Parlamentsanfrage öffentlich die Existenz auch einer „Operation Gladio" des militärischen Geheimdienstes SISMI bestätigte. Im Oktober desselben Jahres gab er unter dem Druck der an die Öffentlichkeit gekommenen Briefe des von den Roten Brigaden entführten und ermordeten Politikers Aldo Moro zu, dass die Operation Gladio, entgegen seinen ursprünglichen Aussagen, noch bis in die späten 1970er Jahre lief und dass die NATO maßgeblich an der illegalen Operation beteiligt war.
Es folgte eine Reihe von Dementis der Regierungen anderer europäischer Länder. In der Schweiz, Belgien und Italien fanden Anfang der 1990er Jahre parlamentarische Untersuchungen zu Gladio statt.

In Deutschland zeigte die SPD anfänglich reges Interesse an einer Aufklärung. Nur die Grünen stellten eine parlamentarische Anfrage. Die Bundesregierung antwortete sinngemäß mehrdeutig, dass ihr keinerlei Kenntnisse über aktuelle Aktivitäten von Gladio in Deutschland vorlägen bzw. dass diese spätestens 1972 eingestellt worden seien.

Es ist bis heute nicht bekannt, ob Gladio nach dem Ende des Kalten Kriegs vollständig eingestellt wurde und was mit der gelagerten Ausrüstung passiert ist.

Stellungnahme der NATO

Die NATO reagierte auf die Aussage Andreottis, dass Gladio eine NATO-Organisation sei, mit Konfusion. Erst rund einen Monat später trat am 5. November 1990 der höchstrangige NATO-Sprecher Jean Marcotta vor Journalisten und erklärte, dass „die NATO niemals einen Guerillakrieg oder Geheimaktionen in Betracht gezogen hat." Schon einen Tag später wurde diese Aussage von einem anderen NATO-Sprecher jedoch als falsch (incorrect) bezeichnet. Die Journalisten erhielten ein kurzes Kommuniqué, das besagte, dass die NATO sich grundsätzlich nicht zu geheimen militärischen Angelegenheiten äußern würde und sein Kollege Marcotta am Vortag gar nichts hätte sagen sollen. Die Presse protestierte gegen das Verhalten der NATO, sie mit diesen geringen Informationen abzuspeisen. In der Berichterstattung dominierte in der Folge die Aussage, dass die Geheimarmeen Teil einer NATO-Organisation waren.

Stellungnahme der US-Regierung

Das Außenministerium der USA gab im Jahr 2006 als Reaktion auf die Veröffentlichung der Forschungsergebnisse der ETH Zürich eine umfangreiche Pressemitteilung heraus. Darin wurde die Existenz der Geheimarmeen sowie die zentrale Rolle der NATO und die Beteiligung der CIA indirekt bestätigt. Eines der von Ganser zitierten Dokumente, das US Army Field Manual 30-31B,[49] wurde als sowjetische Fälschung und die Terrorismusvorwürfe insgesamt als falsch bezeichnet. Daniele Ganser hat jedoch angeführt, dass es einige Anhaltspunkte für die Authentizität des Dokuments gäbe:

„Wir kennen das SIFAR-Dokument von 1959 und das Handbuch 30-31B, das besagt, dass man gelegentlich Terror inszenieren muss, um politische Kontrolle zu bewahren. Theoretisch ist durchaus denkbar, dass dieses Handbuch von den Sowjets gefälscht wurde. Ich stütze mich in meiner Forschung aber auch auf Aussagen von Geheimdienstmitarbeitern aus den USA. Auf Ray Cline etwa, einen ehemaligen CIA-Führungskader, und den Ex-Chef der italienischen P2-Loge, Licio Gelli, der eng mit den USA kooperierte, um den Kommunismus in Italien zu bekämpfen. Beide haben erklärt, dass es sich um ein authentisches Handbuch handelt. Im inszenierten Terrorismus sind nicht viele Leute aktiv. Wenn die Aussagen von solchen Personen mit Fakten übereinstimmen, kann man davon ausgehen, dass hier ein echtes Dokument vorliegt. Mir ist andererseits auch klar, dass die US-Regierung alles abzustreiten versucht."

Das Field Manual 30-31B wurde erstmals in den 1970er Jahren in europäischen Medien veröffentlicht. Laut dem Geheimdienstforscher Giuseppe de Lutiis kündigte als erstes die türkische Zeitung Baris seine Veröffentlichung an, jedoch verschwand der Journalist, in dessen Besitz das Dokument gelangt war, vor der Veröffentlichung spurlos. Er bleibt bis heute verschwunden. Auf die spanische Zeitung Triunfo und das italienische Wochenmagazin Europeo wurde später Druck ausgeübt, das Dokument nicht zu veröffentlichen. Als 1981 die Tochter von Licio Gelli auf dem Flughafen von Rom verhaftet wurde, fanden sich in ihrem Gepäck Teile des Dokuments.

1.5 CIA-Aktivitäten in Chile – Die CIA schürt Unruhe in Südamerika

Seit 1963 führte der US-amerikanische Geheimdienst CIA in Chile eine Reihe verdeckter Operationen durch mit dem Ziel, die Wahl des Sozialisten Salvador Allende zum Staatspräsidenten zu verhindern. Nachdem diese Aktionen erfolglos geblieben waren, gingen die USA zu massiven Geheimdienstoperationen über mit dem Ziel, die linke Regierung in Chile zu destabilisieren und die Voraussetzungen für einen Militärputsch zu schaffen.

Erste Aktivitäten
Die ersten Operationen der CIA in Chile bestanden im Wesentlichen aus einem umfangreichen Propagandakrieg gegen die chilenischen Linksparteien. Millionen von Dollars aus US-Steuergeldern wurden dazu aufgewendet, proamerikanische

chilenische Medienunternehmen zu finanzieren und sogar einige neu zu gründen. Die CIA sorgte des Weiteren für die Platzierung von vielen in ihrem Sinne verfassten Artikeln in Zeitungen und versuchte, verschiedene chilenische Verbände zu beeinflussen und für ihre Zwecke zu instrumentalisieren, darunter auch Studenten- und Frauenorganisationen. Darüber hinaus wurden gezielt Falschmeldungen lanciert, um Konflikte zwischen den verschiedenen linken Parteien und Organisationen zu schüren.

Project FUBELT
Nach der Wahl Richard Nixons zum US-Präsidenten, der gemeinsam mit seinem einflussreichen Sicherheitsberater und späteren Außenminister Henry Kissinger eine Wende hin zur „Realpolitik" betrieb, wurden die Geheimdienstoperationen in ganz Lateinamerika ausgeweitet. In Chile war die amerikanische Reaktion auf die Wahl Allendes zum Staatspräsidenten eine neue verdeckte Operation mit dem Codenamen Project FUBELT. Diese sollte auf die Destabilisierung der neuen chilenischen Regierung hinarbeiten und die Voraussetzungen für einen Militärputsch gegen Allende schaffen. Die Operation, die bereits vor Allendes Amtseinführung begann und von CIA-Chef Richard Helms geleitet wurde, wurde auch als Track Two bezeichnet. Vorangegangen waren Versuche der USA, die linke Unidad-Popular-Regierung durch politische Intervention zu verhindern (Track One). Dazu zählte u. a. massiver Druck des US-Botschafters auf die Christdemokratische Partei, Allende bei der Wahl im Nationalkongress ihre Stimmen zu verweigern. Allende wurde jedoch trotzdem mit den Stimmen der Christdemokraten zum Präsidenten gewählt.

Kurz vor dieser Abstimmung wurde der verfassungstreue Generalstabschef René Schneider von einer Verschwörergruppe ermordet, die von einem rechtsextremen chilenischen Offizier angeführt wurde. Die Attentäter waren zuvor von der CIA mit Maschinengewehren und Tränengasgranaten ausgestattet worden. Parallel zu solchen Aktivitäten liefen auch die Propaganda-Aktionen weiter. Einen Schwerpunkt bildete dabei die Unterstützung der bürgerlich-konservativen Zeitung El Mercurio, die von der CIA mit umfangreichen finanziellen Transfers bedacht wurde. In einem Memorandum des US-Geheimdienstes hieß es später, dass El Mercurio und andere chilenische Zeitungen, die von der CIA finanziell unterstützt wurden, eine wichtige Rolle dabei gespielt hätten, die Voraussetzungen für den späteren Militärputsch zu schaffen. Bis 1973 hatte die CIA allein für ihre Aktivitäten in Chile insgesamt über 13 Millionen US-Dollar aufgewendet.

Unterstützung der Militärdiktatur
Nach der Machtergreifung der rechtsgerichteten Militärjunta unter General Augusto Pinochet kam es in Chile zur systematischen Verfolgung und Ermordung von Oppositionellen durch die neu gegründete Geheimpolizei DINA. Wie die CIA in einem im September 2000 veröffentlichten Bericht selber einräumt, hat sie damals über viele Jahre enge Kontakte zum Pinochet-Regime und zur DINA unterhalten.

Die Frage, welche Rolle die CIA bei der Operation Condor in den 70er und 80er Jahren gespielt hat, ist allerdings nach wie vor umstritten. Dabei handelte es sich

um eine koordinierte Operation der Geheimdienste von sechs diktatorisch regierten südamerikanischen Staaten (einschließlich Chile) mit dem Ziel, politische Gegner auszuschalten. Mehrere Historiker haben der US-Regierung und der CIA in
diesem Zusammenhang vorgeworfen, ihre evidente Unterstützung von rechtsgerichteten Diktaturen in Lateinamerika bis zur Mithilfe bei der Verfolgung von Oppositionellen getrieben zu haben. Frederick H. Gareau, der als Professor für Poli-
tikwissenschaft u. a. an der Florida State University lehrte, spricht in diesem
Zusammenhang sogar von „Staatsterrorismus".

Aufarbeitung
Das Ausmaß der US-amerikanischen Verstrickungen in den Putsch in Chile 1973
kam erstmals während der Untersuchungen eines Sonderausschusses des US-
Senats 1975/76 ans Licht. Der Ausschuss wird oft als Church Committee bezeich-
net, nach seinem Vorsitzenden, dem demokratischen Senator Frank Church aus
Idaho.

Im Februar 1999 ordnete der damalige US-Präsident Bill Clinton die Veröffentlichung von Unterlagen an, die mit den CIA-Operationen in Chile in Zusammenhang
stehen. Viele aufschlussreiche Dokumente wie CIA-Lageberichte, Memoranden und
Telegramme zwischen US-Behörden konnten nun erstmals von Historikern gesich-
tet werden und wurden auch einer breiten Öffentlichkeit zugänglich.

1.6 AIR AMERICA – Staatlich organisierter Drogenhandel

Air America war eine US-amerikanische Fluggesellschaft, die von der CIA kontrol-
liert wurde und verdeckte Operationen in Südostasien während des Vietnamkriegs
durchführte. Nach außen hin trat sie dabei als zivile Fluggesellschaft auf.

Hervorgegangen ist die Fluggesellschaft aus der Civil Air Transport (CAT), die im
Besitz von Claire Lee Chennault, Nachschubflüge an die chinesische Front im zweiten Weltkrieg durchgeführt hatte. Als dem Unternehmen in der Nachkriegszeit der
Bankrott drohte, wurde sie als Tarngesellschaft 1949 von der CIA angekauft. Dazu
wurde die Firma American Airdale Corporation in Delaware gegründet. Zum 7. Oktober 1957 erfolgte dann eine Umorganisation, nach der dann die Pacific Corporation, die noch weitere Fluggesellschaften betrieb, als Muttergesellschaft auftrat.
Die eigentliche Namensänderung erfolgte erst zwei Jahre später.

Von 1959 bis 1962 gewährte Air America direkte und indirekte Unterstützung für
die Operationen Ambidextrous, Hotfoot und White Star (Training für die laotischen
Streitkräfte). Außerdem versorgte sie, schon seit 1950, die aufständischen Kuo-
mintang in Birma mit amerikanischen Waffen, die teilweise von Taiwan aus geliefert wurden.

Von 1962 bis 1975 setzte Air America US-amerikanisches Personal ein, um logisti-
sche Unterstützung für die Secret Army zu gewährleisten, transportierte Flüchtlinge und machte sogar Aufklärungsflüge. Es wurden auch SAR-Missionen für abge-
stürzte Kampfpiloten in Indochina durchgeführt. Die Piloten der Air America waren
die ersten Zivilisten, die an Kampfhandlungen teilnahmen.

Im Sommer 1970 wurden 24 zweimotorige Transportflugzeuge und 24 weitere
„short take-off and landing" (STOL) Flugzeuge sowie 30 Hubschrauber für Operationen in Burma, Kambodscha, Thailand und Laos eingesetzt. Während dieser Zeit
arbeiteten über 300 Piloten, Kopiloten, Flugmechaniker und Lademeister, die allesamt in Laos bzw. in Thailand stationiert waren. Im Jahr 1970 transportierte Air
America 20.000 t Lebensmittel nach Laos. Als 1975 nordvietnamesische Streitkräfte Südvietnam einnahmen, wurden das Personal der US-Botschaft in Saigon, ihre
Angehörigen und Mitarbeiter der Regierung von Südvietnam in letzter Minute
durch Hubschrauber der Air America in Sicherheit gebracht.

Nach dem Rückzug aus Vietnam gab es einen vergeblichen Versuch, die Fluglinie
in Thailand weiterzuführen. In Folge des Scheiterns dieses Versuches wurde Air
America am 30. Juni 1976 offiziell aufgelöst.

Staatlich organisierter Drogenhandel
Air America war in großem Stil als Transporteur in den Drogenhandel verwickelt.
Verbündete (meist informelle) Armeen wurden von amerikanischen Geheimdiens-
ten, wie früher schon von den Franzosen (durch die GCMA), finanziert, indem von
diesen in ihrem Auftrag von Bergvölkern angebautes Opium und daraus raffinier-
tes Heroin mit Hilfe der CIA auf den Markt gebracht wurde. Ein guter Teil der Pro-
fite aus diesem Geschäft floß an amerikafreundliche Politiker, wie Ouane Rattikone
und den südvietnamesischen Luftwaffenchef und späteren Premier Nguyen Cao Ky.

Die Air America war in dieser Schmugglerfunktion die Nachfolgeorganisation der
Air Laos Commerciale und anderer als „Air Opium" bekannter Fluggesellschaften.
Der amerikanische Geschichtsprofessor Alfred W. McCoy hat diese Vorgänge detailliert in seinem Buch The Politics of Heroin. CIA Complicity in the Global Drug
Trade beschrieben (deutsch: Die CIA und das Heroin; Verlag Zweitausendeins,
2003). Die CIA versuchte 1972 vergeblich, das Buch "aus Gründen der nationalen
Sicherheit" zu zensieren. Die Veröffentlichung hatte eine Reihe von Untersuchungskommissionen in den USA zur Folge, bei denen auch McCoy als Zeuge aus-
sagte, wobei sämtliche CIA-Zeugen jegliche Beteiligung an illegaler Aktivität ab-
stritten.

1.7 Operation Ajax – CIA stürzt iranischen Premierminister

Operation Ajax (auch TPAJAX) bezeichnet eine historische und in ihrer Art für wei-

tere Aktionen beispielgebende CIA/MI6-Operation im Jahr 1953, bei der im Iran
der populäre Premierminister Mohammad Mossadegh gestürzt und eine von Schah
Mohammad Reza Pahlavi favorisierte Regierung installiert wurde.

Geleitet wurde die Aktion von Kermit Roosevelt jr., unterstützt durch Donald Wil-
bur, einen weiteren Agenten der Operation Ajax. Zusammen mit Loy Henderson,
dem US-Botschafter im Iran, überredeten sie den Schah zum Sturz Mossadeghs.
Vorher sah der Schah sich jedoch veranlasst, den Iran zu verlassen. Er floh vorübergehend über Bagdad nach Italien, kehrte jedoch am 22. August 1953 triumphal
zurück – nach dem Sturz Mossadeghs durch General Fazlollah Zahedi.

Vorbereitung
Am 6. Juli 1953 oder 19. Juli 1953 reiste Kermit Roosevelt jr. in den Iran, um sich
mit General Fazlollah Zahedi zu treffen. Der Plan zum Putsch gegen Mossadegh,
von US-Präsident Eisenhower abgesegnet, beinhaltete die Bildung einer Wider-
standsbewegung (Komitee der 46) unter iranischen Offizieren und Zivilisten (u.a.
Hasan Arfa), deren Leitung Zahedi übernehmen sollte. Ein weiterer US-Militär,
Oberst Schwarzkopf, reiste am 1. August 1953 nach Teheran, soll jedoch Tage
später das Land wieder verlassen haben.

„Es war keinesfalls die Absicht der CIA", wie der französische Journalist Gérard de
Villiers schreibt, „einen militärischen Konflikt auszulösen", was mit den 900 Mann
der amerikanischen Militärmission auch nicht möglich gewesen wäre, sondern „den
Widerstand gegen Mossadegh zu organisieren und zu koordinieren".

Dazu stellte CIA-Chef Allen Welsh Dulles eine Million US-Dollar zur Verfügung für
„jedwede Maßnahme", die geeignet war, „zum Sturz Mossadeghs zu führen". Sein
Bruder, der US-Außenminister John Foster Dulles, ordnete den US-Botschafter in
Teheran an, putschwillige Iraner als Helfer zu rekrutieren.

Ausführung
Anti-Schah-Demonstration von Mitgliedern der Tudeh-Partei, 16. August 1953Am
15. August 1953 schien Mossadegh von einem geplanten Putschversuch unterrich-
tet worden zu sein. Eine Belagerung seines Wohnsitzes durch Truppen des Oberst
Nematollah Nassiri, dem Leiter der kaiserlichen Palastwache und späteren SAVAK-
Direktor, wurde von Mossadegh-treuen Truppen an diesem Tag verhindert. Nassiri
wurde verhaftet und der Putsch faktisch niedergeschlagen. Mossadegh sagte am
nächsten Morgen in einer Rundfunkansprache:

„In der vergangenen Nacht wurde ein Staatsstreich gegen die Regierung versucht.
Die meisten Verräter sind hinter Gittern. Nur Zahedi und einem kleinen Kern
konnte die Flucht gelingen. Ich setze eine Belohnung von 500.000 Rial für die Er-
greifung Zahedis aus. Tod allen Verrätern!"

Als der Schah erfuhr, dass die Verhaftung Mossadeghs misslungen war, flog er am
16. August 1953 von seiner Residenz in Ramsar mit seiner Privatmaschine in Richtung Bagdad. Begleitet wurde er von seiner Frau Soraya, seinem Adjutanten Major

Atabai, Oberleutnant Khatami und einem Piloten. Der Weiterflug am 18. August
1953 in Richtung Rom erfolgte mit einer gecharterten englischen Privatmaschine.

Pro-Schah-Demonstration angeführt von Schaban Jafari, 17. AugustAm 16. August
1953 gab es drei Ereignisse zu Ungunsten Mossadeghs. Die Tudeh-Partei und ihr
nahe stehende Zeitschriften brachten erstens in Titelzeilen die Schlagzeilen: „Die
Macht gehört uns" sowie „Wir fordern die Ausrufung der Republik und die Eröffnung eines Prozesses gegen den Schah". Am gleichen Tag wurde von militanten
Mitgliedern der Tudeh-Partei das Grabmal Reza Schah Pahlavis in Ray entweiht.
Zweitens wendete sich Parlamentspräsident Ayatollah Kashani und sein Stellvertreter Ayatollah Behbahani gegen Mossadegh. Behbahani warnte in öffentlichen
Aufrufen vor der „Roten Gefahr", die durch Mossadegh zum Niedergang des Islam
führen würde. Drittens war General Teymur Bachtiar, der Oberbefehlshaber der
Streitkräfte in Kermanshah zu Oberst Nassiri übergelaufen und beabsichtigte mit
seinen Truppen in Teheran einzumarschieren. Bachtiar wurde später erster Direktor des SAVAK.

Für den 17. August 1953 organisierte Kermit Roosevelt jr. eine Pro-Schah-
Demonstration. Zu diesem Zweck wurde von Roosevelt ein bekannter Kraftsportler
der Zurkhaneh mit dem Namen Schabân Jafari (von seinen politischen Gegner
Schaban der Hirnlose genannt) beauftragt, mit 300 bis 400 Rowdies auf Anweisung Unruhe zu stiften – er sollte Pro-Schah-Parolen skandieren. US-Botschafter
Loy Henderson wechselte am 18. August 1953 in Teheran ca. 400.000 US-Dollar
bei der persischen Staatsbank Melli in Rial und Toman. Die Banknoten wurden danach vom Mann ohne Gehirn unter Passanten verteilt. Diejenigen, die „Hoch lebe
der Schah" schrien, bekamen eine 10-Rial-Banknote.

Soldaten umstellen das Parlamentsgebäude in Teheran, 19. August 1953 am
Abend des 18. August 1953 kamen die britische und die amerikanische Regierung
zu dem Schluss, dass der Versuch, Mossadegh abzusetzen gescheitert wäre. Die
CIA-Agenten wurden angewiesen, den Iran zu verlassen. In einem für den US-
Präsidenten verfassten Memorandum wurde empfohlen, Mossadegh zu unterstützen. US-Botschafter Loy Henderson begab sich in den Amtssitz des Premiärminis-
ters und wurde von Mossadegh empfangen. Henderson fragte Mossadegh, ob er
ihm denn erklären könne, was denn in den letzten Tagen genau passiert sei, damit
er seine Regierung informieren könne. Er selbst habe sich im Urlaub befunden und
sei erst heute zurückgekehrt. Mossadegh sagte, er habe das Parlament aufgelöst,
"da es sich als dem iranischen Volk nicht würdig erwiesen habe". Der Schah sei
von den Briten aufgefordert worden, ihn verhaften zu lassen. Als Nassiri dann kam,
um ihn zu verhaften, wurde er selbst verhaftet. Im übrigen, erklärte Mossadegh,
dass er von einem Dekret des Schahs, nach dem er als Premierminister abgesetzt
sei, nichts wisse. Und selbst wenn es dieses Dekret gegeben hätte, hätte er es
nicht anerkannt, da der Schah nach seiner Auffassung eine rein zeremonielle
Funktion habe. Henderson war nun klar, dass Mossadegh mit der Verhaftung
Nassiris entgegen der iranischen Verfassung gehandelt hatte. Nach der Verfassung
war der Schah berechtigt, den Premierminister nach der Auflösung des Parlaments,
das den Premierminister gewählt hatte, abzusetzen und durch einen Interimspre-

mierminister bis zur Neuwahl des Parlaments zu ersetzen. Henderson verabschiedete sich nach diesem ausführlichen Gespräch, und Mossadegh war der Überzeugung, dass die USA nun auf seiner Seite stünden.

Ein Panzer auf dem Weg zum Haus von Mohammad Mossadegh, 19. August 1953Am 19. August 1953 (28. Mordad 1332) entwickelte sich der Tag aber völlig anders, als Henderson erwartet und Mossadegh gehofft hatte. Zunächst schlossen sich Polizei- und Militäreinheiten, deren Anführer aus dem „Komitee der 46" sich der Schah zuvor versichert hatte, den Mossadeghgegnern an und stürmten Außenministerium, Polizeizentrale und Hauptquartier des Armee-Generalstabs. Mossadegh wurde verhaftet und General Fazlollah Zahedi übernahm die Funktion des Premierministers, nachdem der Schah auf Drängen der CIA bereits am 13. August 1953 ein Dekret zur Absetzung Mossadeghs und zur Einsetzung Zahedis unterzeichnet hatte. Um der Bevölkerung den Erlass bekannt zu machen, ließ der Sohn von General Zahedi, Ardeshir Zahedi, 10.000 Exemplare in einer Druckerei herstellen und unter der Bevölkerung verteilen. Die Pro-Mossadegh-Truppen, die zwar alarmiert waren und wichtige Positionen in Teheran besetzt hatten, verhielten sich neutral bzw. waren nach einer Rede General Zahedis auf dem Parlamentsplatz Baharestan auf dessen Seite. „Im Grunde hat die Armee die entscheidende Wende gebracht", so de Villiers, „die Masse der Demonstranten ist nur für einige besondere Aufgaben eingesetzt worden […] insbesondere aber, um der Intervention der Militärs einen spontan-populistischen Charakter zu verleihen."

Die bewaffneten Auseinandersetzungen zwischen Mossadegh-Anhängern und General Zahedi ergebenen Truppen fanden überwiegend vor dem Haus Mossadeghs statt und forderten über 200 Tote und 300 Verwundete. Nach de Villiers hat die Operation Wiedereinsetzung des Schah die CIA genau 32,643 Millionen Rial gekostet, was zu jener Zeit einer Summe von 390.000 US-Dollar entsprach.

Folgen
Jede nach dem Sturz Mossadeghs vom Parlament gewählte Regierung arbeitete eng mit dem Schah zusammen. Reformen wie z.B. die Weiße Revolution wurde explizit vom Schah vorgestellt und mittels Referendum verabschiedet. Auch kann die Gründung des iranischen Geheimdienstes SAVAK als Folge der Regierungszeit Mossadeghs angesehen werden. Nach diesen Vorkommnissen wollte der Schah seine Position unter allen Umständen festigen. Der SAVAK bekämpfte marxistische und islamistische Guerillabewegungen rigoros. Widerstand gegen die Politik des Schah wurde unterdrückt bis es 1978 zu einer Öffnung des politischen Raumes kam, was dann 1979 zur Islamischen Revolution und zum Sturz des Schahs führte.

Was die Ölpolitik betraf, übernahm 1954 ein internationales Konsortium für die nächsten 25 Jahre die Förderung und Vermarktung des iranischen Erdöls. Dabei wurde in der britische Anteil auf 40 % reduziert, bei gleichzeitigem Einstieg von fünf amerikanischen Ölgesellschaften mit 40 % Geschäftsanteil, 14 % gelangten an Royal Dutch Shell und 6 % an die französische Firma CFP (später Total). Der iranische Gewinnanteil an den Erdöleinnahmen betrug zunächst 25 %. Der Vertrag wurde nach der durch den Schah initiierten Gründung der OPEC mehrfach geän-

dert, so dass der iranische Anteil an den Erdöleinnahmen am Ende mehr als 50%
erreichte. Die Laufzeit des Konsortialvertrages endete 1979.

Der Autor Tim Weiner kommentiert die Rolle der CIA in der Operation Ajax: „Es
war kein Beweis dafür, dass die CIA Regierungen stürzen und Herrscher einsetzen
konnte; er war ein Einzelfall, in dem gerade zur richtigen Zeit in der richtigen Weise das richtige Quantum Beihilfe geleistet wurde. Dadurch, dass die CIA sich die
Gefolgschaft von Soldaten und Straßengesindel gekauft hatte, konnte sie den Ge-
waltpegel schaffen, der zur Durchführung eines Putsches ausreichte. Geldsummen
wanderten in bestimmte Hände, und diese Hände führten einen Regierungswech-
sel herbei.

1.8 Operation PBSUCCESS – Die CIA bekämpft die Demokratie

Die Operation PBSUCCESS (auch: Operation SUCCESS) war eine 1954 von der CIA
durchgeführte Geheimdienstoperation mit dem Ziel, den demokratisch gewählten
Präsidenten von Guatemala, Jacobo Arbenz Guzmán, zu stürzen.

Es war die erste Aktion dieser Art in Zentralamerika. Etwa ein Prozent der hierzu
vorhandenen und bisher unter Verschluss gehaltenen Akten ist mittlerweile öffentlich zugänglich.

Die Aktion ging unter anderem auf das Drängen des US-Lebensmittelkonzerns
United Fruit Company zurück, der ausgedehnten Grundbesitz in Guatemala besaß
und durch die von Arbenz geplante Landreform seine Interessen gefährdet sah.
Der damalige CIA-Direktor Allen Welsh Dulles war als Rechtsanwalt und Lobbyist
für das Unternehmen tätig.

Die CIA bildete eine Ad-hoc-„Befreiungsarmee" von ungefähr 400 Kämpfern in Nicaragua aus und versorgte sie mit Waffen. Unter dem Befehl von Castillo Armas
drang diese am 18. Juni 1954 über Honduras nach Guatemala ein. Arbenz trat am
27. Juni 1954 zurück.

Der Staatsstreich kennzeichnete den Beginn von vier Jahrzehnten repressiver Gewaltherrschaft und Bürgerkrieg. In dieser Zeit „verschwanden" mindestens
140.000 Guatemalteken. Menschenrechtsorganisationen schätzen die Opferzahl
jedoch auf über 250.000.

Ursprünge und Hintergründe der Operation
Operation Succuess oder PBSUCCESS war das erste CIA-Unternehmen mit dem
Ziel, eine ausländische Regierung mit geheimdienstlichen und paramilitärischen
Maßnahmen zu stürzen. Beide Operationen markierten einen gravierenden Wech-
sel in der Funktion der CIA. Neben ihrer eigentlichen Aufgabe als Nachrichten-

dienst entwickelte sie eine paramilitärische Komponente für eine globale Einflussnahme durch aktive Maßnahmen. In Guatemala geschah dies durch den Aufbau
einer Invasionsarmee, die aus Exil-Guatemalteken sowie zentral- und US-
amerikanischen Söldnern bestand.

Anlass für die Operation Success waren zwei Faktoren. Der 1950 gewählte Präsident von Guatemala, Jacobo Arbenz Guzmán, ein Berufsoffizier, forcierte die bereits unter seinem Vorgänger Juan José Arévalo geplante Landreform zugunsten
besitzloser Kleinbauern, von der vor allem die United Fruit Company (UFCO) stark
betroffen war. Hinzu kamen seine offenen Sympathien für die Kommunistische
Guatemaltekische Partei (Partido Guatemalteco de Trabajo = PGT; Guatemaltekische Partei der Arbeit). Sie war zwar im Parlament nur mit vier von 57 Abgeordne-
ten vertreten und stellte auch keinen Minister im Kabinett Arbenz', besaß aber
starken Einfluss im Landwirtschaftsministerium, das mit der Landreform befasst
war.

Doch die Regierung Arbenz stand nicht nur von Seiten der UFCO und ihren Lobbyisten in den USA unter Druck. Die Regierung von Honduras unter Präsident Juan
Manuel Gálvez sah in der guatemaltekischen Landreform ein gefährliches Beispiel
für Honduras, in dem die UFCO einen ökonomischen und politischen Einfluss besaß
wie in keinem anderen zentralamerikanischen Staat. Nicht aus ökonomischen,
sondern politischen Gründen waren die Regierungen Nicaraguas unter Anastasio
Somoza García und der Dominikanischen Republik unter Rafael Leónidas Trujillo
Molina an einem Sturz Arbenz' interessiert. Beide Diktatoren sahen in Arbenz' Aktivitäten langfristig eine Bedrohung ihrer eigenen Herrschaft. Der erste konkrete
Plan, Arbenz zu stürzen, stammte daher nicht von der US-Regierung unter Präsident Harry S. Truman oder der CIA, sondern von Somoza.

Zwischenspiel: Der UN-Sicherheitsrat
Arbenz hatte von Anfang an auf die diplomatische Karte gesetzt und war daher in
der Hauptstadt geblieben, weil er nur von hier aus über die Kommunikationslinien
zur UNO in New York verfügte. Doch alle Versuche, die UNO für ein Engagement
für Guatemala zu gewinnen, scheiterten. Am 25. Juni 1954 fand eine Sitzung des
Sicherheitsrats in der darüber entschieden sollte, ob der „Fall Guatemala" behan-
delt werden sollte oder nicht. Vier Mitglieder, die UdSSR, Dänemark, der Libanon
und Neuseeland, sprachen sich dafür aus, der Rest dagegen; Großbritannien und
Frankreich enthielten sich der Stimme, da sie von den USA massiv unter Druck
gesetzt worden waren. Mit diesem Ergebnis war Arbenz an der diplomatischen
Front vollständig gescheitert.

Das Ende der Invasion. Die Abdankung von Arbenz am 27. Juni 1954
Trotz der Siege von Gualán und Puerto Barrios verblieb die militärische Führung an
der Front völlig passiv. Am 23. Juni stellte sich endgültig heraus, dass die führenden Offiziere nicht bereit waren, gegen die „Befreiungsarmee" von Castillo Armas
zu kämpfen. Die Rebellen nahmen daher den Ort Chiquimula nahezu ohne Widerstand ein, obwohl Oberstleutnant Hernández über 150 Mann verfügte. Der einzige
Widerstand wurde von ein paar Dutzend Bauern geleistet, die lediglich über Jagd-

waffen verfügten. Die „Schlacht von Chiquimula" wurde von den Akteuren von Operation Success zu einem großen militärischen Sieg über die Armee aufgebläht.

Allerdings ging das Grundkonzept des Operationsplans nun auf. Die Armeeführung ging davon aus, dass im Fall einer Niederlage der Invasoren die USA tatsächlich direkt intervenieren würden. Obwohl dies nie beabsichtigt war, genügte die aufgebaute Drohkulisse, die Offiziere dazu zu bewegen, Arbenz zum Rücktritt aufzufordern.

Arbenz' Niederlage am 25. Juni vor der UNO, seine völlige Isolation auch in Lateinamerika selbst, eine völlig passive Bevölkerung in der Hauptstadt und der Druck der Offiziere führten am 27. Juni zu seiner Entscheidung, zugunsten einer Militärjunta unter Armeechef Enrique Díaz zurückzutreten. Obwohl ihn die PGT und einige Gewerkschaften aufforderten, Milizen aufzustellen, sah er von diesem Vorschlag ab. Arbenz hoffte, dass sein Rücktritt als persönliches Opfer genügen würde, die Invasion zu beenden und die Ergebnisse der Revolution von 1944 zu sichern. Dies war ihm auch von Díaz zugesichert worden. Am 27. Juni 1954 trat Arbenz zurück.

Doch Operation Success war nicht ins Leben gerufen worden, um einen Anhänger von Arbenz im Amt zu hinterlassen. Am 7. Juli – innerhalb von elf Tagen hatten sich fünf provisorische Regierungen hintereinander abgelöst – wurde Castillo Armas Führer einer neuen Junta. Am 1. September 1954 schieden die anderen Mitglieder dieser Junta aus und Castillo wurde Präsident. Er wurde drei Jahre später, am 26. Juli 1957, im Präsidentenpalast von einem Angehörigen der Palastwache ermordet, der sich sofort selbst umbrachte. Bis heute ist nicht geklärt, wer die Hintermänner des Anschlags waren.

Chronologie
1952: Die nicaraguanische Regierung unter dem Diktator Anastasio Somoza García entwickelt unter dem Codenamen Operation Fortune den Sturz der Regierung Arbenz. Der amerikanische Außenminister Acheson kann das Unternehmen, an dem auch die United Fruit Company (UFCO) beteiligt ist, durch eine Intervention bei Präsident Truman verhindern. Die UFCO hatte bereits ein Schiff als Transporter bereitgestellt.

März 1953: Die Regierung von Jacobo Arbenz Guzmán verstaatlicht 234.000 Acres, ca. 93.000 Hektar, nichtkultivierten Landes aller Plantagen von über 83 Hektar Größe. Davon ist vor allem die United Fruit Company (UFCO) betroffen, die in Guatemala riesige Bananenplantagen besitzt, aber offenbar auch Kaffeebesitzungen von (west)deutschen Auswanderern. Die UFCO fordert vom guatemaltekischen Staat eine Entschädigung von 15,8 Mill. Dollar. Die Regierung Arbenz dagegen bietet lediglich 600.000 Dollar Entschädigung, da sie die offizielle Steuereinschätzung der Gesellschaft zur Grundlage macht.

März 1953: Ein Putsch rechtsgerichteter Offiziere gegen Arbenz wird entdeckt. Bei den gerichtlichen Vernehmungen wird bekannt, dass die CIA und die UFCO an dem Putschplan beteiligt waren.

1953: Die CIA erhält unter der Regierung Eisenhower im Rahmen der so genannten Rollback-Doktrin außer der Funktion eines reinen Nachrichtendienstes die Aufgabe einer militärischen bzw. paramilitärischen Interventionstruppe. Mit der Operation Ajax wird im Iran zum ersten Mal in der amerikanischen Geschichte nach 1945 eine legitime ausländische Regierung mit geheimdienstlichen Mitteln gestürzt.

August 1953: Der National Security Council fällt die Entscheidung zur Operation Success. In Nicaragua wird mit Hilfe der Regierung Somoza ein Ausbildungslager für eine Invasionsarmee angelegt. Für Guatemala wird ein Waffenembargo ausgesprochen.

Februar 1954: Durch weitere Maßnahmen der Regierung Arbenz erhöht sich der Anteil des verstaatlichten Grundbesitzes auf eine Fläche von 1457 km².

April 1954: Aufgrund des Waffenembargos der USA kauft die Regierung Arbenz Waffen in der Tschechoslowakei. Diese verlassen am 15. April 1954 an Bord des schwedischen Frachters Alfhem den polnischen Hafen Stettin. Das Schiff erreicht am 15. Mai 1954 ungehindert den guatemaltekischen Hafen Puerto Barrios.

19. Mai 1954: Eisenhower warnt vor der Einrichtung einer kommunistischen Diktatur in einem lateinamerikanischen Staat.
18. Juni 1954: Die von Castillo Armas geführte Interventionstruppe überschreitet die honduranisch-guatemaltekische Grenze.
20. Juni 1954: Gefecht von Gualán zwischen den Invasoren und einer Einheit des guatemaltekischen Heeres unter Führung von César Augusto Silva Girón. Die Invasoren erleiden eine Niederlage.
21. Juni 1954: Die geplante Einnahme von Puerto Barrios durch die Invasoren scheitert.
25. Juni 1954: Der UN-Sicherheitsrat lehnt den Antrag Guatemalas auf Unterstützung ab. Die Armeeführung fordert Präsident Arbenz zum Rücktritt auf und droht damit, direkt mit Castillo Armas zu verhandeln.
27. Juni 1954: Arbenz erklärt seinen Rücktritt zugunsten einer Junta unter Führung von Oberst Enrique Díaz. Am gleichen Tag versenkt die Luftwaffe der Invasoren im Pazifikhafen von San José den britischen Frachter SS Springfjord, der auf Grund sinkt. Die Besatzung kann rechtzeitig das Schiff verlassen.
7. Juli 1954: Eine Junta unter der Führung von Castillo Armas übernimmt die Regierung.
1. September 1954: Nach dem Ausscheiden der übrigen Juntamitglieder wird Castillo Armas Präsident.

1.9 Invasion in der Schweinebucht – Die USA greift Kuba an

Die Invasion in der Schweinebucht war ein militärischer Angriff der USA auf Kuba. Sie wurde am 17. April 1961 mit Unterstützung der CIA von Exilkubanern als Maßnahme gegen die Revolution unter Fidel Castro durchgeführt. Die Invasion markierte einen ersten Höhepunkt der antikubanischen Aktionen der USA.

Im Weltsicherheitsrat kam es zu Debatten um die Rechtmäßigkeit des Angriffs. Kuba scheiterte jedoch mit seinem Antrag, die USA als Aggressor zu verurteilen, am Vetorecht der USA.

Die gescheiterte Invasion war nicht nur ein militärisches, sondern vor allem ein politisches Debakel für die Vereinigten Staaten. Neben scharfer Kritik im In- und Ausland und dem verlorenen Vertrauen in die nur 90 Tage alte Regierung unter John F. Kennedy führte sie zur Stärkung Castros und der kubanischen Revolution. Befürchtungen eines zweiten Invasionsversuches sorgten letztendlich auch für die zunehmende Annäherung Kubas an die Sowjetunion bis zur Eskalation in der Kubakrise 1962.

Die Verschlechterung der Beziehungen zwischen den USA und Kuba
Kubas Politik und Wirtschaft wurde bis zur kubanischen Revolution stark von den USA beeinflusst. Auch die Mafia hatte in Havanna einen profitablen Stützpunkt. Nach dem Sturz Fulgencio Batistas ging die Regierung der USA davon aus, dass es sich bei der revolutionären Bewegung auf Kuba um eine der zahlreichen Versuche in Lateinamerika handelte, mit sozialer Demagogie neue Herrschaftseliten an die Macht zu bringen (Caudillismo). Als 1959 dann tatsächlich tiefgreifende Reformen (Enteignung von Großgrundbesitz über 128 Hektar z.T. gegen finanzielle Entschädigung) durchgeführt wurden, die auch US-Firmen betrafen (United Fruit Company), glaubten die USA, durch gezielte Warnsignale deutlich machen zu können, dass Kuba völlig von ihnen abhängig sei. Dieser Standpunkt gehörte zwischen 1898 (Spanisch-Amerikanischer Krieg) und 1959 (Kubanische Revolution) zu den Grundlagen der Beziehungen zwischen den USA und Kuba.

Wirtschaftliche Intervention der USA auf Kuba
Die erste tiefgreifende Maßnahme war die Sperrung der Öllieferungen nach Kuba. Da die gesamte Stromerzeugung Kubas auf Basis der Ölverbrennung erfolgte, hätte dies zum Scheitern der Revolution führen können. Die kubanische Revolutionsregierung gewann schließlich die UdSSR als neuen Erdöllieferanten. Nun wiesen die USA die US-amerikanischen Erdölraffinerien auf Kuba an, kein sowjetisches Erdöl zu verarbeiten. Diese Raffinerien verdankten ihre Monopolstellung einem Vertrag, der sie aber auch dazu verpflichtete, Erdöl unabhängig von dessen Herkunft zu verarbeiten. Die kubanische Regierung sah sich angesichts des Vertragsbruchs der Betreiberunternehmen dazu gezwungen, die Raffinerien unter staatliche Zwangsverwaltung zu stellen.

USA verlieren ihren Einfluss auf Kuba
Die kubanischen Revolutionäre der Anfangszeit entstammten zum Teil einer mit-

telständischen, von Antikommunismus geprägten Bevölkerungsschicht und hätten
möglicherweise ohne die Not des US-Handelsboykotts keinen Kontakt zu kommunistischen Regierungen gesucht.

Nachdem die US-Regierung alle Register der politischen Druckmittel (Aussetzung
der Zuckerquote, keine Ersatzteillieferungen etc.) bis hin zum totalen Handelsem-
bargo gezogen hatte und zusehen musste, wie die Revolutionäre den Ost-West-
Konflikt für sich ausnutzten, indem sie die Handelsbeziehungen zu den USA durch
andere Partner ersetzten (Spanien, Länder des sozialistischen Lagers), blieb als
einziges Machtmittel gegen Kuba die militärische Intervention.

Die militärische Option
In der Atmosphäre des Kalten Krieges war jedoch die Kanonenbootpolitik wie vor
dem Ersten Weltkrieg nicht mehr möglich, da internationaler Protest wegen „Einmischung in die Angelegenheiten eines fremden Staates" unabsehbare geopoliti-
sche Reaktionen insbesondere in der Dritten Welt hätte auslösen können.

Die Regierung Eisenhower ließ die CIA nach den Vorbildern Operation PBSUCCESS
(Guatemala) und Operation Ajax (Iran) einen CIA-gesteuerten Putsch vorbereiten.
Im Falle eines Hilferufes von der aus Florida eingeflogenen kubanischen Exilregierung hätte sich Vizepräsident Richard Nixon durch einen Militärschlag als Präsi-
dentschaftskandidat profilieren können. Die Vorbereitungen für die scheinbar nur
von Exilkubanern durchgeführte Operation konnten jedoch nicht mehr vor den
Wahlen abgeschlossen werden, die Nixon knapp verlor.

Am 17. Februar 1961 fragte Kennedy seine Berater, ob man „den Sturz Castros
mit Waffenlieferungen in Verbindung" bringen könnte. „Könnte man nicht behaupten, das eigentliche Angriffsziel wären moderne Düsenbomber und Raketen, die
Amerikas Sicherheit bedrohten?" . Der Plan eignete sich jedoch nicht für das Jahr
1961, da Kuba zu diesem Zeitpunkt nur wenige sowjetische Waffen hatte; die kubanische Luftwaffe bestand zunächst aus ein paar umgebauten Sportflugzeugen,
die später durch sowjetische MIGs ergänzt wurden.

Die einzig politisch international vertretbare Option bestand darin, dass eine kubanische Opposition von kubanischem Territorium aus die USA um Unterstützung bat
und damit den Weg für das US-Militär zur Landung auf Kuba ebnete.

Vorbereitung
Bestärkt durch die Erfolge der CIA 1953 im Iran (Operation Ajax) und 1954 in
Guatemala (Codename: Operation Success), bei denen mit minimalem Aufwand
die demokratisch gewählten Regierungen durch Geheimdienstoperationen gestürzt
werden konnten, wurden ab 1960 in Guatemala Exilkubaner zuerst in Sabotage-
techniken ausgebildet, von denen 40 heimlich nach Kuba verschifft wurden, wo sie
Widerstandszellen aufbauen sollten. Bereits 48 Stunden nach Beginn der Operation 40 war von den Agenten kein Lebenszeichen mehr zu vernehmen.

Auch aufgrund der zersplitterten Oppositionsparteien erkannte die CIA, dass eine Revolution von innen praktisch ausgeschlossen war, und trainierte schließlich Hunderte von Exilkubanern (später bekannt als Brigade 2506) für eine groß angelegte Invasion mit US-Unterstützung (Codename: Operation Zapata).

Die Invasion - Planung
Einzige Aufgabe der exilkubanischen Konterrevolutionäre, zu denen neben vielen Agenten des ehemaligen Geheimdienstes von Ex-Diktator Fulgencio Batista auch Söhne von Großgrundbesitzern gehörten, war es, einen provisorischen Flugzeug-Landeplatz auf Kuba so lange militärisch abzusichern, bis die in Miami gebildete kubanische Exilregierung landen und per Funk die USA um militärische Unterstützung bitten konnte. Die Schweinebucht schien ein idealer Platz für dieses Unternehmen zu sein:
- Sie befindet sich an der Küste des Sumpfgebietes Ciénaga de Zapata, das einen natürlichen Schutz gegen militärische Aktionen der kubanischen Revolutionsarmee bot.
- Sie liegt am Rande des Escambray-Gebirges, von dem aus Konterrevolutionäre noch bis Mitte der sechziger Jahre militärische Aktionen gegen die kubanische Regierung durchführten.
- Sie war nur wenig bevölkert, so dass mit lokalem Widerstand nicht gerechnet wurde.

Der von der CIA ausgearbeitete Plan ging außerdem von Geheimdienstberichten aus, die von interessierter Seite kamen (Revolutionsgegner auf Kuba), die alle ihre Hoffnungen auf ein militärisches Eingreifen der USA richteten und deshalb fälschlicherweise eine breite antirevolutionäre Stimmung auf Kuba darstellten. Auch die Kampfkraft der im Escambray operierenden Revolutionsgegner wurde übertrieben. Die CIA ihrerseits versuchte durch noch weiter zugespitzte Berichte den gerade erst zum Präsidenten gewählten Kennedy, der noch zögerte, von einem unfehlbaren Erfolg der Aktion zu überzeugen. Möglicherweise ging der Planungsstab der CIA davon aus, dass die militärische Aktion, wenn sie denn einmal begonnen wurde, auch im Falle ihres Misslingens die Zustimmung des Präsidenten für den Einsatz von US-Militär bekommen würde. Spätere Vorwürfe gegen Kennedy, er habe die Operation abgebrochen, lassen diese Vermutung zu.

Am 12. April 1961, fünf Tage vor der Invasion, erklärte Präsident Kennedy, dass *„unter keinen Umständen eine Intervention in Kuba durch US-Streitkräfte"* stattfinden würde und die US-Regierung *„alles tun wird [..], um sicherzustellen, dass keine Amerikaner in irgendwelche Aktionen innerhalb von Kuba involviert sind."*

Am 14. April schließlich stimmte Kennedy der Durchführung des CIA-Planes zu, behielt sich aber als Oberkommandierender für den Kriegseinsatz die Entscheidung darüber vor, ob die bereitstehenden Marineeinheiten zum Einsatz kommen.

Die Invasion - Ablauf
Zur Vorbereitung der Invasion bombardierten am 15. April 1961 amerikanische B-26-Flugzeuge drei kubanische Flugplätze. Die Bomber waren mit kubanischen Ho-

heitszeichen versehen worden und sollten den Anschein einer Gegenrevolution erwecken. Fünf der US-Bomber wurden von kubanischen Flugzeugen abgeschossen.

Am 17. April landeten, von ihren Ausbildungslagern in Guatemala kommend, in der Schweinebucht etwa 1.500 Exilanten der Brigade 2506 unter dem Kommando von zwei CIA-Beamten und mit logistischer Unterstützung der US-Marine.

Die beiden Munitionsschiffe der Angreifer, die von der kubanischen Armee am Landungsort erwartet wurden, wurden aus der Luft versenkt.

Am 18. und 19. April erhielten die Angreifer Luftunterstützung durch B-26-Flugzeuge. Dabei wurde auch Napalm eingesetzt. Zwei B-26 wurden von kubanischen Flugzeugen abgeschossen. Die Besatzungen der abgeschossenen Maschinen wurden als U.S.-Bürger und Piloten der Air National Guard identifiziert.

Nach drei Tagen waren die Truppen aufgerieben. Kuba meldete über 1.000 Gefangene, rund 90 Angreifer sollen gefallen sein. In einer öffentlichen Verhandlung wurde den Gefangenen der Prozess gemacht. In dem später von Hans Magnus Enzensberger dramatisierten Verhör von Habana traten viele der von Batistas Geheimpolizei Gefolterten auf und erkannten in Teilnehmern des Invasionsunternehmens ihre Folterer. Die anderen Gefangenen wurden 1963 mit den USA gegen dringend benötigte Medikamente, Nahrungsmittel und landwirtschaftliche Maschinen ausgetauscht. Allerdings zahlte nicht etwa die US-Regierung, sondern die Angehörigen mussten das Geld selber auftreiben.

1.10 Rainbow Warrior – Der französische Geheimdienst versenkt das Schiff von Greenpeace

Die erste Rainbow Warrior, ein 40 Meter langes Schiff von 418 Tonnen, war ursprünglich ein Fischdampfer namens Sir William Hardy (bzw. später Vega), der 1955 vom Stapel lief. Sie wurde für 40.000 £ erstanden und über vier Monate lang renoviert, dann am 29. April 1978 als Rainbow Warrior wieder aktiviert. Die Motoren wurden 1981 erneuert, 1985 wurde das Schiff zu einem Anderthalbmaster – genannt Ketsch – umgebaut.

Die Rainbow Warrior war 1978 das neue Flaggschiff der Greenpeaceflotte und wurde zum großen Teil von der niederländischen Sektion des WWF finanziert, um gegen den Walfang weltweit, insbesondere vor Island, zu protestieren.

Das Schiff wurde bereits 1980 von einem französischen Marineschiff gerammt, als die Besatzung gegen die Entladung von Atommüll zur Aufbereitung in La Hague protestierte. 1985 wurde es vom französischen Nachrichtendienst DGSE versenkt.

Versenkung der Rainbow Warrior

1985 sollte die Rainbow Warrior zum Mururoa-Atoll in Französisch-Polynesien fahren, um gegen die dort stattfindenden französischen Atomtests zu protestieren, und lag im Hafen von Auckland vor Anker.

Sie wurde kurz vor Mitternacht am 10. Juli durch zwei Sprengladungen versenkt, die durch Agenten des französischen Auslands-Nachrichtendienstes (DGSE) an der Außenhaut des Schiffes angebracht worden waren. Von den zwölf Besatzungsmitgliedern ertrank der portugiesische Greenpeace-Fotograf Fernando Pereira, als er versuchte, Fotos und seine Ausrüstung aus seiner Kabine zu retten. Das zerstörte Wrack der Rainbow Warrior wurde am 21. August 1985 gehoben und zur forensischen Untersuchung in einen Hafen geschleppt. Obwohl der Rumpf wiederhergestellt werden konnte, war der Schaden so groß, dass eine Reparatur unwirtschaftlich gewesen wäre. Daher wurde das Schiff am 2. Dezember 1987 in der Matauri-Bucht auf den Cavalli-Inseln versenkt. Heute ist das Wrack ein beliebtes Tauchziel in 30 Metern Tiefe. An der Matauri-Bucht steht heute ein Denkmal.

Die vom französischen Geheimdienst als „Operation Satanique" bezeichnete Aktion wurde aus den „fonds speciaux", einer schwarzen Kasse, über die nur der Präsident der Republik verfügen kann, finanziert und von der französischen Regierung stets gedeckt.

Zwei der sechs Agenten wurden durch die neuseeländische Polizei über das Autokennzeichen ihres Mietwagens ermittelt und verhaftet. Die zwei Agenten waren mit gefälschten Pässen als Schweizer Ehepaar Turenge eingereist. Es handelte sich dabei um Hauptmann Dominique Prieur und Major Alain Mafart, einen Kampfschwimmer. Ein neuseeländisches Gericht verurteilte die beiden Agenten im November 1985 zu je zehn Jahren Haft wegen Brandstiftung und Totschlags.

Die anderen Täter entkamen mit Hilfe des Atom-U-Bootes Rubis (S 601) und wurden von der französischen Regierung gedeckt, die die Versenkung angeordnet hatte. Erst durch die Enthüllung der Tageszeitung Le Monde vom 17. September 1985 wurde bekannt, dass insgesamt drei französische Mannschaften in Auckland tätig waren, von denen eine aus französischen Soldaten bestand, die die Versenkung durchgeführt hatten. Um die inhaftierten französischen Agenten freizupressen, verhängte die EG 1986 ein Importverbot gegen neuseeländisches Lammfleisch und Butter und drohte damit, die Wirtschaftssanktionen noch auszubauen. Neuseeland und Frankreich appellierten an den Generalsekretär der Vereinten Nationen, Javier Pérez de Cuéllar, als Vermittler zu fungieren, um eine weitere Eskalation zu vermeiden. Nach einer Verfügung des Generalsekretärs im Juli 1986 wurden die beiden inhaftierten Täter nach einer Entschädigung der Familie des verstorbenen Fotografen aus der neuseeländischen Haft entlassen und sollten vom 22. Juli 1986 bis zum 22. Juli 1989 ihre Haftstrafe auf einem französischen Stützpunkt im Pazifik, auf dem Hao-Atoll, absitzen. Dies wurde in einem Abkommen zwischen Neuseeland und Frankreich in 1986 festgelegt. Agent Mafart wurde aber bereits Dezember 1987 wegen dringender medizinischer Behandlung nach Paris geflogen. Der Flug und die medizinische Behandlung waren notwendig, jedoch hätten diese nicht länger als zwei bis drei Wochen dauern müssen. Frankreich unterließ die Rückführung des Agenten nach Hao. Im Mai 1988 informierte Frankreich die neuseeländischen Behörden, dass Agentin Prieur schwanger war. Sie wurde aufgrund ihres Alters nach Frankreich gebracht, da eine medizinische Behandlung auf Hao nicht zur Verfügung stand. Ein im Abkommen vereinbartes Schiedsgericht wurde nach diesen Vorfällen angerufen: Es stellte eine Vertragsverletzung Frankreichs fest und verurteilte Frankreich zu Schadensersatz. Weiterhin empfahl das Schiedsgericht, einen gemeinsamen Fonds einzurichten, um die freundschaftlichen Beziehungen zwischen den Bürgern der beiden Staaten zu fördern. Frankreich leistete eine Vorauszahlung von 2 Millionen US-Dollar.

Die meisten Beteiligten verblieben im Dienst der französischen Regierung. Jedoch trat der französische Verteidigungsminister Charles Hernu am 20. September 1985 von seinem Amt zurück und wurde durch Paul Quilès ersetzt. Im DGSE wurde Admiral Pierre Lacoste durch General Imbot abgelöst.

20 Jahre nach der Versenkung der Rainbow Warrior, also Anfang Juli 2005, gab der damalige Geheimdienstchef Pierre Lacoste der Nachrichtenagentur AFP bekannt, dass die Versenkung bis in die französische Staatsspitze bekannt war. So soll sogar der französische Präsident François Mitterrand eingeweiht gewesen sein. Lacoste zur Agentur: „Der Präsident hat mir gesagt, wenn das schlecht läuft, fliegen [Verteidigungsminister Charles] Hernu und Lacoste raus." In dem Geständnis 20 Jahre danach bedauerte Lacoste zutiefst den Tod des Fotografen Fernando Pereira. Zudem gab er zu Protokoll, dass die gesamte Aktion Satanique schlecht vorbereitet und überhastet geplant gewesen war.

Die Verantwortlichen in der französischen Regierung wurden nie zur Rechenschaft gezogen. 1987 zahlte die französische Regierung unter starkem internationalen Druck 8,16 Millionen US-Dollar Entschädigung an Greenpeace und mehr als sieben Millionen US-Dollar an die neuseeländische Regierung. Die Familie des getöteten Fotografen Fernando Pereira erhielt eine Entschädigung von umgerechnet 300.000 Euro. Eine offizielle Entschuldigung erfolgte lediglich gegenüber der neuseeländischen Regierung, nicht jedoch gegenüber den betroffenen Angehörigen. Der Oberkommandierende der Operation Satanique, General Jean-Claude Lesquer, wurde rund zehn Jahre nach der Versenkung zum „Großoffizier der Ehrenlegion" ernannt, die zweithöchste Auszeichnung Frankreichs.

Einen Teil der Entschädigung investierte Greenpeace in das neue Flaggschiff der Flotte – die Rainbow Warrior II.

Anlässlich des französischen Präsidentschaftswahlkampfes 2007 kam das Thema erneut in die Medien. Zeitungen behaupteten, dass der Bruder Antoine der Bewerberin der Sozialisten, Ségolène Royal, unmittelbar an der Sprengung beteiligt gewesen sei. Er soll einen der beiden Sprengsätze an dem Schiff angebracht haben. Dies wird jedoch durch Ségolène Royal bestritten.

1.11 MKULTRA – Die CIA führt tödliche Menschenversuche durch

MKULTRA (auch MK ULTRA) war der Codename für ein umfangreiches, geheimes Forschungsprogramm der CIA über Möglichkeiten der Bewusstseinskontrolle. Es lief von 1953 bis in die 1970er Jahre. Unter anderem umfasste das Programm tausende von Menschenversuchen, bei denen ahnungslose, willkürlich ausgesuchte Testpersonen unter halluzinogene Drogen wie LSD gesetzt wurden. Mitte der 1970er Jahre beschäftigten sich mehrere Untersuchungskommissionen des US-Kongresses mit der Aufarbeitung des Programms .

Ziel des Projekts war, ein perfektes Wahrheitsserum für die Verwendung im Verhör von Sowjet-Spionen im Kalten Krieg zu entwickeln, sowie die Möglichkeiten der Gedankenkontrolle zu erforschen. Die überwiegend gesundheitsschädlichen bis lebensgefährlichen Experimente liefen meist ohne Wissen oder Zustimmung der Versuchspersonen ab, häufig auch gegen deren erklärten Willen. Dazu gehörten neben tausenden von zufällig ausgewählten US-Bürgern auch Krankenhauspatienten und Gefängnisinsassen. Es ist erwiesen, dass zahlreiche Versuchspersonen bei den Experimenten schwerste körperliche und psychische Schäden davontrugen, bis hin zum Tod. Ken Kesey verarbeitete seine Erfahrungen als Testperson in dem Buch „Einer flog über das Kuckucksnest". Ein großer Teil der Experimente des Projekts verstieß gegen amerikanische Gesetze, viele sind nach der heutigen Definition der UNO als Folter zu bewerten. Die politischen und gesellschaftlichen Hintergründe des Projekts waren der Kalte Krieg mit der Sowjetunion und der starke amerikanische Antikommunismus während der McCarthy-Ära in den 1950er Jahren.

In Teilen überschnitten sich die Arbeiten auch mit den Forschungen anderer US-Programme zu biologischen Waffen. Der wissenschaftliche Leiter war Donald Ewen Cameron, die Gesamtleitung hatte Sidney Gottlieb.

Anfänge
MKULTRA begann im April 1953 auf Befehl des CIA-Direktors Allen Dulles. Es war der Nachfolger der Projekte Artischocke und BLUEBIRD sowie von ähnlichen Programmen des Deutschen Reiches. So arbeiteten an dem Projekt auch etliche SS-Ärzte und Forscher mit. MKULTRA wurde hauptsächlich in den USA und Kanada, aber auch in Europa betrieben. Dies war offiziell vor allem eine Reaktion auf Gedankenkontrolltechniken, die angeblich von Sowjets, Chinesen und Nordkoreanern gegen US-Kriegsgefangene im Koreakrieg eingesetzt wurden, was unter dem Namen „Brainwashing", zu deutsch: „Gehirnwäsche", bekannt wurde. Eine wichtige Motivation bildeten auch die stalinistischen Schauprozesse der 1930er Jahre und der Prozess gegen den ungarischen Kardinal József Mindszenty im Jahr 1949, bei denen die Beschuldigten offenbar unter Drogeneinfluss und Folter Geständnisse unterschrieben hatten und sich vor Gericht selbst Taten bezichtigten, die sie nicht begangen hatten.

Neben dem Willen, ähnliche Methoden auf die eigenen Gefangenen anzuwenden, hatte die CIA auch Interesse daran, fremde Herrscher mit derartigen Techniken manipulieren zu können. Später soll es mehrere Pläne gegeben haben, den kubanischen Staatschef Fidel Castro zu beeinflussen.

Ziele und Umsetzung

Oberstes Ziel war laut CIA die „Vorhersage, Steuerung und Kontrolle des menschlichen Verhaltens". Eines der wenigen öffentlich bekannt gewordenen Beispiele für solche Techniken ist die Verhörmethode, die die Britische Armee bei Gefangenen in Nordirland verwendete. Sie wurde als „UDIT" (Ulster Depth Interrogation Techniques) bezeichnet und durch den Psychologen T. Shallice der Universität London nach Berichten und Daten des britischen Innenministeriums 1972 veröffentlicht. Der für die UDIT-Methode verantwortliche britische Kommandeur wurde in den 1980er Jahren bei einem Urlaub in Osnabrück Todesopfer eines Anschlag der IRA.

MK steht nicht, wie häufig behauptet, für „Mind Kontrol", sondern ist lediglich ein von der CIA verwendetes Kürzel, das von der Technical Service Division geleitete Projekte bezeichnet.

Aktivitäten

Freigegebenes MKULTRA-Dokument zur illegalen Drogenvergabe MKULTRA umfasste nach Angaben des damaligen CIA-Direktors Admiral Stansfield Turner 149 Unterprojekte, wovon mindestens 14 sicher Menschenversuche waren, weitere 6 Projekte Versuche an unwissenden Menschen sowie 19 Projekte eventuell mit Menschenversuchen. Erforscht wurden die Wirkungen von Drogen (vor allem LSD und Mescalin), Giften, Chemikalien, Hypnose, Psychotherapie, Elektroschocks, Gas, Krankheitserregern, Erntesabotage, künstliche Gehirnerschütterung, Operationen usw. Die Experimente liefen an 44 Universitäten, 12 Krankenhäusern, 3 Gefängnissen und 15 nicht näher bezeichneten „Forschungseinrichtungen". Es ist erwiesen, dass zahlreiche Versuchspersonen bei den Experimenten schwerste körperliche und psychische Schäden bis hin zum Tod (siehe unten Die Olson-Affäre) davontrugen. Die Praxis von Entführungen zu Versuchszwecken, zumindest für das MKULTRA-Projekt, bestätigte die CIA später selbst . Auch Fälle von Kindesmissbrauch sind bekannt.

Beteiligung ehemaliger KZ-Ärzte

Im Rahmen des Projekts Paperclip setzten die USA zahlreiche deutsche Wissenschaftler ein, darunter auch ehemalige deutsche KZ-Ärzte, die erwiesenermaßen in großem Stil an den Experimenten mitwirkten. Sie durften ihre durch das Kriegsende unterbrochenen Menschenversuche im Rahmen von MKULTRA auch in Deutschland fortführen. Dazu gehörten unter anderem:

Kurt Blome hatte mit Bakterien und Viren, wie Pesterregern an Menschen experimentiert. Walter Paul Schreiber infizierte KZ-Insassen mit Fleckfieber und Malaria und spritzte Phenol als Hinrichtungsmethode. Der MKULTRA-Bakteriologe Frank Olson war oft beruflich in Europa und wurde Zeuge von derartigen Menschenversuchen ehemaliger Nazi-Wissenschaftler. Es wird vermutet, dass diese Erlebnisse eine schwere persönliche Krise auslösten, die schließlich zu seinem gewaltsamen Tod führten.

Protokoll eines tödlichen Experiments
Der körperlich gesunde Tennislehrer Harold Blauer litt nach seiner Scheidung unter Depressionen, zu deren Behandlung er das New York State Psychiatric Institute
aufgesucht hatte. Dort starb er am 8. Januar 1953, nachdem er mehrfach hohe
Dosen einer synthetisch hergestellten Variante der Droge Meskalin im Rahmen von
MKULTRA-Experimenten erhalten hatte. Seine Ex-Frau erstattete nach seinem Tod
Anzeige, im Verlauf des Prozesses vertuschten die Behörden die wahre Todesursache. Das folgende Protokoll beschreibt den Verlauf der tödlichen Infusion, die zu
einem Kreislaufkollaps und Herzversagen führte.

9:53 Uhr Injektion beginnt, ruhelose Bewegungen, Protest gegen die Injektion.
9:55 Uhr Injektion endet.
9:59 Uhr [...] sehr ruhelos, muss von der Schwester festgehalten werden, nicht
ansprechbar [...] wildes Rudern mit den Armen, heftiges Schwitzen [...]
10:01 Uhr [...] Patient richtet sich im Bett auf, komplette Versteifung des Körpers
[...] schnarchendes Atmen 32/min, Puls 120/min [...] Zähne zusammengebissen,
Schaum vor dem Mund [...] rollende Augenbewegungen [...]
10:04 Uhr [...] Verkrampfung der Rückenmuskulatur [...]
10:05 Uhr [...] steife Extremitäten, Pupillen leicht erweitert, reagiert nicht auf
Licht [...]
10:09 Uhr [...] allgemeine Errötung des Gesichts und der Brust [...] weiterhin
starkes Schwitzen [...] Tremor der unteren Extremitäten, Schaum vor dem Mund
[...]
10:10 Uhr [...] weiterhin schnarchende Atmung 28/min, unregelmäßig [...] ver-
steifter Kiefer [...]
11:05 Uhr [...] vereinzeltes Aufbäumen, heftige Arm- und Beinbewegungen [...]
redet wirr von „Murphy", meist zusammenhangslos, vorübergehend ansprechbar
[...]
11:12 Uhr [...] gesteigerte Unruhe, unterbrochene Versteifung [...]
11:17 Uhr [...] redet nicht mehr [...] fällt ins Koma, immer noch unruhig [...]
11:30 Uhr starke, schnarchende Atmung [...]
11:45 Uhr [...] ruhiges, tiefes Koma.
Laut Protokoll endete das Experiment um 12:15 mit Blauers Tod.

Aktenvernichtung
Die meisten offiziellen Dokumente zu dem Projekt wurden 1972 unter dem damaligen CIA-Direktor Richard Helms vorsätzlich und illegal vernichtet. Helms war bis
zu seiner Berufung zum CIA-Direktor der maßgebliche Verantwortliche für
MKULTRA innerhalb der CIA. Es ist daher nicht möglich, das gesamte Projekt mit
seinen ungefähr 150 individuellen Forschungsprojekten und den zugehörigen CIA-
Programmen zu rekonstruieren. Es existieren jedoch genügend Akten, um die wesentlichen Strukturen und zahlreiche Programme zu rekonstruieren. Mehrere
staatliche Untersuchungskommissionen beschäftigten sich mit MKULTRA (siehe Offizielle Untersuchungen). Ein Teil der erhaltenen Dokumente wurde mittlerweile
der Öffentlichkeit zugänglich gemacht (siehe Weblinks).

Offizielle Untersuchungen

Es gab in den USA mehrere offizielle Untersuchungskommissionen zu MKULTRA. 1975 untersuchte die von Präsident Gerald Ford eingesetzte Rockefeller-Kommission die Vorgänge, was unter anderem zur Aufdeckung der sogenannten Olson-Affäre führte. Im Jahr 1977 befasste sich das Church-Komitee des amerikanischen US-Kongresses mit der Aufklärung, eine wichtige Rolle im Ausschuss spielte dabei Senator Edward Kennedy. Zahlreiche Opfer der Menschenversuche wurden dabei als Zeugen gehört.

Bei einer Sitzung des Untersuchungsausschusses sagte Edward Kennedy im August 1977:
Der Deputy Director der CIA gab an, dass über 30 Universitäten und Institutionen an „intensiven Test- und Forschungsprogrammen" beteiligt waren, die Drogenversuche an unwissenden Menschen „aller sozialen Schichten, aus den USA und anderen Ländern" umfassten. Zahlreiche Tests beinhalteten die Gabe von LSD an „unwissende Personen in Alltagssituationen". Mindestens ein Todesfall, der von Frank Olson, war eine Folge der Experimente. Die Behörde gab selbst zu, dass die Tests kaum einen wissenschaftlichen Sinn hatten. Die für die Beaufsichtigung der Experimente eingesetzten Agenten hatten keinerlei wissenschaftliche Qualifikation.

Die Olson-Affäre

Im Jahr 1975 fand die Rockefeller-Kommission zur Untersuchung illegaler CIA-Aktivitäten innerhalb der USA Hinweise auf mysteriöse Umstände beim Tod des MKULTRA-Wissenschaftlers Frank Olson im Jahr 1953. Offiziell starb Olson nach einem selbstverursachten Sturz durch die Glasscheibe eines geschlossenen Fensters im 10. Stock (je nach Quelle differieren die Angaben vom 9. bis zum 13. Stock) eines New Yorker Hotels. Sein Tod wurde von der CIA gegenüber der Familie als durch eine psychische Krise ausgelöster Selbstmord ausgegeben. Der Bakteriologe Olson war an der Entwicklung von biologischen Waffen wie Anthrax beteiligt und besaß umfangreiche Kenntnisse über die Menschenversuche im Rahmen von MKULTRA.

Laut des ARD-Dokumentarfilms „Deckname Artischocke" sah Olson auf seiner letzten Europareise im August 1953 in Berlin, wie Menschen bei Experimenten so lange gefoltert wurden, bis sie starben. Gegenüber Kollegen hatte er sich tief erschüttert über die Praktiken im Rahmen von MKULTRA gezeigt. Private Aufzeichnungen deuten darauf hin, dass er einen Ausstieg aus dem Projekt erwog.

Die 1975 untersuchten CIA-Dokumente ergaben, dass Olson bei seinem Tod unter dem Einfluss der halluzinogenen Droge LSD stand, die ihm von der CIA als „unfreiwilliger Testperson" verabreicht worden war. Dies löste einen Skandal in den USA aus. Die Familie Olsons plante, die CIA zu verklagen, unter anderem weil sie offensichtlich 22 Jahre lang über die wahre Todesursache belogen worden war. Die US-Regierung unter Gerald Ford legte durch die Zahlung von 750.000 US-Dollar an die Witwe und eine persönliche Entschuldigung des Präsidenten die Angelegenheit rasch bei, um eine drohende gerichtliche Untersuchung des Falls abzuwenden, bei der eventuell Geheimdokumente über MKULTRA an die Öffentlichkeit geraten wären. Die Witwe erhielt vom damaligen CIA-Direktor William Egan Colby eine Reihe von Dokumenten, die die Selbstmordversion unter Drogeneinfluss stützten. An der Vorbereitung dieser schnellen Lösung der Affäre waren Richard Cheney, damals Stabschef des Weißen Hauses, sowie der damalige Verteidigungsminister Donald Rumsfeld maßgeblich beteiligt.

Hinweise auf Mord / Der Tod eines Ex-CIA-Direktors
Olsons Sohn Eric ließ den Leichnam seines Vaters 1993 exhumieren und von einem Expertenteam obduzieren, wobei sich deutliche Hinweise auf einen Mord und gegen die offizielle Selbstmordversion ergaben. Der Bezirksstaatsanwalt von Manhattan, Stephen Saracco, eröffnete daraufhin ein Ermittlungsverfahren. Die CIA und das US-Justizministerium blockierten jedoch die Ermittlungen. Nach monatelangen Verhandlungen erkämpfte Saracco das Recht auf eine Vernehmung mehrerer Zeugen durch eine Grand Jury. Er plante unter anderem, den 1975 amtierenden CIA-Direktor William Colby vorzuladen. Dieser starb jedoch kurz nach Bekanntwerden der geplanten Vorladung bei einem Ausflug mit seinem Kanu. Sein Haushalt befand sich in einem Zustand, der auf einen eiligen Aufbruch schließen ließ. Entgegen seinen sonstigen Gewohnheiten hatte er keine Schwimmweste getragen und auch seiner Frau nichts von seinem geplanten Ausflug erzählt.

Das Verfahren im Fall Olson wurde schließlich nach über achtjähriger Ermittlungsdauer ohne Klageerhebung eingestellt. Von vielen Seiten wurde die Vermutung geäußert, dass die CIA Olson als potentielles Sicherheitsrisiko ermordet hatte. Einige ehemalige Kollegen haben sich ausdrücklich gegen die Selbstmordthese ausgesprochen. Als einer der möglichen Gründe wird angeführt, dass die USA die Entwicklung von biologischen Waffen stets bestritten hatten und befürchteten, im Propagandakrieg mit der Sowjetunion durch mögliche Enthüllungen Olsons einen Rückschlag zu erleiden. In diesem Zusammenhang wurde auch darüber spekuliert, ob Olson über den eventuellen Einsatz von biologischen Waffen im Koreakrieg informiert war. Der chinesische Premierminister Zhou Enlai hatte den USA den Einsatz vorgeworfen, diese hatten den Vorwurf aber vehement dementiert.

1.12 ECHELON – Die USA bespitzelt Bürger und betreibt Wirtschaftsspionage

Echelon ist der Name eines Spionagenetzes. Die Staaten USA, Vereinigtes Königreich (UK), Kanada, Australien und Neuseeland sind daran beteiligt.

Echelon war zunächst nur dazu gedacht, die militärische und diplomatische Kommunikation der Sowjetunion und ihrer Verbündeten abzuhören. Heute wird das System zur Suche nach terroristischen Verschwörungen, Aufdeckungen im Bereich

Drogenhandel und als politischer und diplomatischer Nachrichtendienst benutzt.
Seit Ende des Kalten Krieges dient dieses System auch der Wirtschaftsspionage.

Echelonsystem

Das Echelon-System ist im Aufbau einfach. Alle Mitglieder der Allianz sind Teil der
nachrichtendienstlichen Allianz UKUSA, deren Wurzeln bis zum Zweiten Weltkrieg
zurückreichen. Die Mitgliedsstaaten der Allianz stellen Abhörstationen und Welt-
raumsatelliten auf, um Satelliten-, Mikrowellen- und Mobilfunk-Kommunikation
abzuhören. Ob Satelliten bereits fähig sind, alle Bodenantennen zu ersetzen, ist
fraglich.

Die eingefangenen Signale werden durch eine Reihe Supercomputer verarbeitet,
die darauf programmiert wurden Zieladressen, Wörter, Sätze oder sogar individuelle Stimmen zu erkennen. Dabei ist es mittlerweile sogar möglich, nach ganzen
Sachverhalten zu suchen und nicht nur nach einzelnen Schlagwörtern. Das Echelon-System unterliegt der Verwaltung der National Security Agency (NSA). Die
NSA hat alleine in Maryland über 28.000 Mitarbeiter und ist damit die wohl größte
Spionageabteilung weltweit. Die einzelnen Staaten der UKUSA-Allianz haben die
zugewiesene Verantwortung für die Überwachung der verschiedenen Teile des
Globus zu übernehmen.

Die Antennen des Echelon-Systems sind in der Lage, elektromagnetische Wellen
einzufangen und dann zur weiteren zentralen Auswertung weiterzuleiten. Abge-
fangen werden die Nachrichten wahllos, die Auswertung erfolgt nachträglich über
Stimm-, Schlüsselwort- oder sonstige Filter. Diese Vorgehensweise wird als „strategische Fernmeldekontrolle" bezeichnet.

Die Form der Gebäude (Radarkuppel) ist eine Hülle, um die in der Kugel befindliche Satellitenschüssel nicht erkennen bzw. die Ausrichtung der Satellitenschüssel
nicht ausmachen zu können. Ansonsten bestünde die Möglichkeit herauszufinden,
welche Satelliten bzw. Regionen abgehört werden.

Der Öffentlichkeit bekannt gemacht wurde das Spionagesystem erstmals 1976
durch Winslow Peck.

Entwicklung ab 1990

Nach Beendigung des Kalten Krieges im Jahr 1990 fiel der Hauptfeind, der Ost-
block, als potentieller Gegner weg. Die US-Geheimdienste sollen 1991 ein neues
Konzept vorgelegt haben, das der veränderten geopolitischen Lage angepasst
wurde. Dieses Konzept bestimmte die Wirtschaftsspionage zum Hauptziel der Ge-
heimdiensttätigkeiten.

Die neue geheimdienstliche Priorität, die Wirtschaftsspionage, wurde von George
Bush sen. durch die Nationale Sicherheitsdirektive 67 – herausgegeben vom Weißen Haus am 20. März 1992 – festgelegt. Die freigewordenen Kapazitäten sollen
die Echelon-Beteiligten genutzt haben, um die eigenen Verbündeten auf dem Gebiet der Wirtschaft auszuspionieren. Dies bestätigt auch die Aussage des ehemali-

gen CIA-Chefs James Woolsey im Wall Street Journal vom 17. März 2000, in dem
er offen eine Spionage in Europa zugab. Bekannt geworden ist der Fall, in dem
Airbus einen milliardenschweren Vertrag mit Saudi-Arabien verloren hatte, als die
NSA vermutlich durch Echelon herausgefunden hatte, dass Airbus die saudischen
Geschäftsleute bei der Auftragsvergabe bestochen hatte.

Es wird vermutet, dass die Firma Enercon in den frühen neunziger Jahren mit Hilfe
von Echelon abgehört wurde und die gewonnenen Daten dem US-amerikanischen
Mitbewerber Kenetech Windpower Inc. zugespielt wurden. Anscheinend nutzte
dieser die Daten, um sich Zugang zu Enercons Kerntechnologien zu verschaffen
und diese in den USA patentieren zu lassen.

Entwicklung ab 2000
Ein Radom auf der Royal Air Force Basis Menwith Hill.Eine in Bad Aibling in Bayern
befindliche Echelonbasis (Bad Aibling Station) konnte bis 2004 große Bereiche
Deutschlands oder sogar Europas abhören. Hier wurde in einem Bericht der EU
vom 11.Juli 2001 festgestellt, dass diese Anlage nach dem Ende des Kalten Krieges mehrheitlich der Wirtschaftsspionage diente und es wurde beschlossen, diese
zu schließen. Bedingt durch die Terroranschläge des 11. September 2001 wurde
dieser Beschluss erst verspätet im Jahre 2004 umgesetzt.

In seinem Bericht an das EU-Parlament am 5. September 2001 stellte der „Be-
richterstatter des nicht ständigen EU-Untersuchungsausschusses zu Echelon" Gerhard Schmid fest, dass innereuropäische Kommunikation kaum betroffen ist, sondern hauptsächlich transatlantische Verbindungen über Satellit oder
Unterseekabel .

Als Ersatz für die Anlage in Bad Aibling stand von 2004 bis 2008 am Rand des
ehemaligen August-Euler-Flugplatzes (von den USA auch "Dagger Complex" genannt) in Darmstadt ein Horchposten mit fünf Radomen. Die Anlage wurde im
Frühjahr 2004 fertiggestellt; im Sommer 2008 wurden die Radome wieder demon-
tiert.

2.0 UMWELT UND GESUNDHEIT

2.1 Heroin - Heroin wurde als Hustenmittel verkauft

Die Geschichte des Konsums von betäubenden oder euphorisierenden, natürlichen Opiaten (Heroin wird halbsynthetisch hergestellt und ist deswegen ein Opioid) reicht bis ungefähr 3000 v. Chr. in das alte Ägypten zurück und führt bis in die Neuzeit zu den Opiumhöhlen von China. Auf die schmerzstillende, beruhigende, manchmal aber auch anregende Wirkung von natürlichen Opioiden wurden Pharmazeuten und Chemiker bereits Anfang/Mitte des 19. Jahrhunderts aufmerksam und versuchten, ein synthetisches Äquivalent zu dem Naturstoffextrakt Opium zu finden und ein Heilmittel zu entwickeln, das schnell herzustellen war und entsprechend auch vermarktet werden konnte.

Der englische Chemiker Charles Robert Alder Wright entwickelte 1873 ein Verfahren zur Synthetisierung Diacetylmorphins, eines Syntheseprodukts aus Morphin und Essigsäureanhydrid. Am 26. Juni 1896 griff die Aktiengesellschaft Farbenfabriken (heute Bayer) das Verfahren auf und ließ es unter der Bezeichnung Heroin und der Patentnummer 31650 F 2456 schützen. Wenig später gelang am 21. August 1897 nach dem gleichen Verfahren dem bei Bayer beschäftigten Chemiker Felix Hoffmann ebenso die Synthetisierung Diacetylmorphins. Daraufhin startete ab 1898 der Bayer-Konzern die Produktion von Diacetylmorphin.

Heroin wurde in einer massiven Werbekampagne in zwölf Sprachen als ein oral einzunehmendes Schmerz- und Hustenmittel vermarktet. Es fand auch Anwendung bei etwa 40 weiteren Indikationen, wie Bluthochdruck, Lungenerkrankungen, Herzerkrankungen, zur Geburts- und Narkoseeinleitung, als „nicht süchtigmachendes Medikament" gegen die Entzugssymptome des Morphins und Opiums. Als Nebenwirkungen wurden lediglich Verstopfung und leichte sexuelle Lustlosigkeit beschrieben, weshalb das Opioid von der Ärzteschaft sowie von den Patienten zunächst überaus positiv aufgenommen wurde. 1904 wurde erkannt, dass Heroin, genau wie Morphin, zur schnellen Gewöhnung und Abhängigkeit führt. Zwar warnten einige Ärzte, dass es das gleiche Abhängigkeitspotenzial wie Morphin besitze, diese blieben jedoch in der Minderheit. Das lag einerseits an der aggressiven Vermarktung, andererseits daran, dass die orale Darreichungsform zu einer sehr viel langsameren und geringer dosierten Aufnahme des Stoffes führte, wodurch starke Rauschzustände und Abhängigkeit in der Regel ausblieben. Außerdem gab es damals noch keine Stigmatisierung Opioidabhängiger. Diese entwickelte sich jedoch langsam im ausgehenden 19. sowie dem beginnenden 20. Jahrhundert speziell in puritanischen Kreisen in den Vereinigten Staaten.

Zur stigmatisierten Droge entwickelte sich Heroin ab etwa 1910 vor allem in den Vereinigten Staaten, wo die Morphin- und Opiumsucht oftmals vorkam. Als bekannt wurde, dass gerauchtes oder intravenös gespritztes Heroin eine stärkere Wirkung hatte, stiegen viele Abhängige auf die leicht erhältliche Substanz, die außerdem nebenwirkungsärmer als Morphin war (hinsichtlich Histaminreaktion), um.

Die Zahl der Abhängigen stieg an. Der Hauptgrund für die Illegalisierung von Heroin ist jedoch bei der damaligen Stigmatisierung chinesischer Einwanderer zu finden, die häufig Opium rauchten und später auch Heroin konsumierten. Dadurch wurden diese Substanzen vermutlich mit den ohnehin unliebsamen Chinesen assoziiert, weswegen zuerst einzelne Bundesstaaten der USA verschiedene Gesetze zwecks Verbot einführten. Später, auf der ersten Opiumkonferenz 1912, wurde zum ersten Mal ein staatenübergreifendes Verbot diskutiert, welches ausschließlich politisch und nicht medizinisch motiviert war (Diamorphin gilt bis heute als eines der wirksamsten Opioide). 1931 gab Bayer dem politischen Druck nach, stellte die Produktion ein und entfernte Heroin damit aus seiner Produktpalette. Stattdessen konzentrierte sich die Firma auf ihre zweite, bahnbrechende Entdeckung: das Aspirin. In Deutschland wurde Heroin noch bis 1958 verkauft. Das Verbot erfolgte am 6. April 1971.

2.2 Cannabis / Marihuana – Warum Hanf wirklich verboten wurde

Die ersten Schriften zur medizinischen Nutzung von Cannabis, für die aufgrund der hohen Menge der darin enthaltenen Cannabinoide fast ausschließlich die weibliche Blüten der Hanfpflanze verwendet werden, gehen auf ein zirka 4.700 Jahre altes chinesisches Lehrbuch über Botanik und Heilkunst zurück. Der älteste Marihuanafund datiert auf die Zeit um 700 v. Chr. und war eine Grabbeigabe. Cannabis wurde seit dem ersten Kreuzzug (1096–1099) in die Volksmedizin eingeführt und figurierte in vielen Klostermedizinen. Anwendungsbereiche waren rheumatische und bronchiale Erkrankungen, auch wurde Cannabis allgemein als Opiumersatz verschrieben. Ab dem 16. Jahrhundert fand Cannabis Eingang in die Kräuterbücher. Im 19. Jahrhundert wurde es außerdem gegen Migräne, Neuralgie, epilepsieähnliche Krämpfe, Schlafstörungen und anderes eingesetzt. Marihuana war, bis es im Jahre 1898 von Aspirin bedrängt und schließlich als Heilmittel durch eine breite Palette neuer, synthetischer Arzneimittel abgelöst wurde, in Amerika das am häufigsten benutzte Schmerzmittel. Zwischen 1842 und 1900 machten Cannabispräparate dort die Hälfte aller verkauften Medikamente aus. In Europa und damit größtenteils auch in der Schweiz waren zwischen 1850 und 1950 über 100 verschiedene Cannabismedikamente erhältlich. Wegen Dosierungsschwierigkeiten, paradoxen Wirkungen und der Entwicklung synthetischer Medikamente nahmen die Verschreibungen im 20. Jahrhundert ab, bis Cannabis ca. Mitte des 20. Jahrhunderts fast weltweit komplett verboten wurde. Heute ist die medizinische Anwendung von Cannabis in vielen Ländern wieder erlaubt. In Österreich aber ist es immer noch praktisch nicht möglich, Cannabis legal als Medikament zu bekommen.

Harry J. Anslinger startete 1930 zusammen mit dem Verleger William Randolph Hearst eine landesweite Kampagne gegen die als mordende Droge dargestellte Pflanze, die nun "Marihuana" statt "Hemp" (Hanf) genannt wurde. Anslinger wechselte dafür aus dem diplomatischen Dienst auf den Posten eines Commissioners im

"Bureau of Narcotics", eingesetzt vom damaligen Finanzminister Andrew Mellon, dessen angeheirateter Neffe Anslinger war.

Andrew Mellon war damals auch Bankier und größter Geldgeber von DuPont und William Randolph Hearst, dem die Paper Manufacturing Company und mehrere Zeitungen der Yellow Press gehörten. Der Finanzminister Andre Melown stellte für die Kampagne 100.000 Dollar zu Verfügung, in einer Zeit, in der die USA sich in einer Rezessionsphase befanden. Es sollte bewiesen werden, dass Marihuana eine tödliche, zu verbietende Droge sei.

Kritiker meinen, diese Darstellung wurde durch den damals herrschenden Rassismus unterstützt; zu dieser Zeit wurden vornehmlich Mexikaner, Farbige und Latinos mit der Droge in Zusammenhang gebracht. Auch könnten wirtschaftliche Gründe für ein gefordertes Verbot eine Rolle gespielt haben, da zu der Zeit Erntemaschinen erfunden wurden, die das verarbeiten von Hanf kostengünstiger gestalteten und Hanf somit zu einer Konkurrenz für DuPont (Chemie) und Hearst (Wald und Papier) wurde. Hearst druckte in seiner Boulevardpresse die Berichte und Anslinger benutzte diese in seinen Vorträgen, als zuverlässige Quellen.

Im Herbst 1937 endete der Feldzug gegen den Hanf erfolgreich mit dem Marihuana Tax Act von 1937. Dieses Steuergesetz wurde am 1. September 1937 von Präsident Roosevelt unterzeichnet. Darin wird Marihuana erstmals gesetzlich definiert und die Art der Besteuerung festgelegt.

Der Begriff "Marihuana" bezeichnet danach alle Bestandteile der Pflanze Cannabis sativa, ob sie wächst oder nicht, oder auch die Saat, das extrahierte Harz aus jeglichem Teil der Pflanze, jeden Bestandteil, jegliches Produkt, Salze, Derivate Mixturen oder Aufbereitungen einer solchen Pflanze, ihrer Saat oder des Harzes, er beinhaltet (steuerrechtlich) hingegen nicht: die vollentwickelten Pflanzenstengel, Fasern, die aus diesen Stengeln gewonnen werden, Öle oder Kuchen, die aus den Saaten oder einem anderen Bestandteil solch einer Pflanze gemacht werden, Bereitungen, Salze, Derivate, Mixturen oder Aufbereitungen von solchen ausgewachsenen Stengeln (außer des Harzes, das daraus bereitet wird), Fasern, Öl oder Kuchen, oder die sterilisierte Saat einer solchen Pflanze, welche unfähig zur Keimung ist. Die Steuer betrug nun 1 Dollar pro Unze, bzw. 100 Dollar bei unregistrierten Händlern. Die Strafe bei Nichteinhaltung ging von 2000 Dollar Geldstrafe bis fünf Jahre Haft. Die Hanfbauern produzierten daraufhin illegal, was wiederum ein generelles, mit hohen Strafen verbundenes, totales Verbot zufolge hatte. Es wurden angeklagte Marihuanahändler in den USA zusätzlich der Steuerhinterziehung angeklagt.

Die American Medical Association (AMA), natürlicher Gegner eines gesetzlichen Verbots, erfuhr erst zwei Tage vor der Anhörung davon, dass es sich bei der mordenden Droge Marihuana um Hanf handelte. Der AMA war es in der kurzen Zeit vor der Verabschiedung nicht mehr möglich, gegen das Gesetz zu opponieren. Als die Kommission in einer Debatte fragte, ob die AMA zu dem Inkrafttreten des Gesetzentwurfes befragt wurde, erklärte der Abgeordnete Vinson einfach, dass sie deren Einverständnis hätten.

2.3 Anthrax-Anschläge – Anthrax kam aus US-Biowaffenlabor

Die „Anthrax attacks" von 2001 in den USA wurden im Verlauf mehrerer Wochen
nach dem 18. September 2001 (eine Woche nach den Terroranschlägen am 11.
September 2001) verübt. Briefe mit Milzbranderregern wurden an mehrere Nachrichtensender und Senatoren verschickt. Fünf Menschen starben. Ein Nachspiel der
Anschläge war der Erlass des Anti-Terrorgesetzes USA PATRIOT Act. Am 6. August
2008 beschuldigten FBI und Justizministerium Bruce Edwards Ivins, alleinig für die
Anschläge verantwortlich gewesen zu sein, eine Woche zuvor beging er Selbstmord.

Zusammenfassung
Zwei Wellen von Anschlägen mit Milzbrand-Sporen wurden verübt:
Am 18. September 2001 wurden fünf Briefe verschickt, die ein braunes granuläres
Material enthielten. Die Briefe trugen Poststempel eines Briefzentrums in Trenton
im Bundesstaat New Jersey und waren an drei Nachrichtensender und zwei Zei-
tungen adressiert, vier von den Adressen in New York City.

Drei Wochen später wurden zwei weitere Briefe, mit Poststempel vom 9. Oktober
2001, vom Briefzentrum in Trenton aus verschickt. Diese Briefe enthielten eine
weitaus potentere Form des Anthrax-Erregers. Sie waren an zwei demokratische
Senatoren adressiert, Tom Daschle (Bundesstaat South Dakota) und Patrick Leahy
(Bundesstaat Vermont). Der Brief an Daschle wurde am 15. Oktober von einem
Mitarbeiter geöffnet. Die regierungsinterne Postverteilung wurde daraufhin stillge-
legt. Der ungeöffnete Brief an Leahy wurde am 16. November in einem beschlagnahmten Postsack sichergestellt. Aufgrund einer falsch entzifferten Postleitzahl
wurde der Brief an eine Nebenstelle des US-Außenministeriums in Sterling (Virginia) fehlgeleitet. Der dortige Mitarbeiter in der Poststelle, David Hose, atmete
Sporen des Milzbranderregers ein.

Die Briefe an die Senatoren waren weitaus wirksamer als die Briefe der ersten
Milzbrand-Attacke. Sie enthielten sehr feines, trockenes Pulver, welches aus etwa
einem Gramm fast reiner Sporen bestand. Das Material wurde von einer Professo-
rin der State University of New York, Barbara Hatch Rosenberg, als „weaponi-
zed" bzw. „weapons grade" (waffentauglich) bezeichnet. Die Washington Post
meldete aber im September 2006, dass das FBI diese Einschätzung nicht mehr
teile.

22 Menschen entwickelten eine Milzbrand-Infektion, elf über den lebensbedrohli-
chen Inhalationsweg. Fünf starben an den Folgen der Milzbrand-Infektion. Neben
Robert Stevens aus Florida erlagen zwei Personen auf unbekannte Weise dem

Milzbranderreger, vermutlich über eine Kreuzkontamination der Briefe : Kathy Nguyen, eine vietnamesische Immigrantin, die im New Yorker Stadtbezirk Bronx wohnte und in New York City arbeitete, sowie Ottilie Lundgren, die 94-jährige Witwe eines prominenten Richters aus Oxford (Connecticut). Sie stellte das letzte Opfer der Anschlagserie dar. Zwei weitere Opfer, Thomas Morris jr. und Joseph Curseen, waren in der Post in Brentwood, Washington D. C., beschäftigt.

Die Briefe

Es wird davon ausgegangen, dass die Briefe mit dem Milzbranderreger aus Princeton (New Jersey) verschickt wurden. Im August 2002 stießen Ermittler auf Milzbrandsporen an einem öffentlichen Briefkasten auf der Nassauerstraße nahe dem Campus der Princeton University. Um die 600 Briefkästen wurden auf Milzbrand hin untersucht. Nur der Briefkasten auf der Nassauer Straße fiel im Test positiv aus.

Die Briefnotizen

Der an die NBC adressierte Anthrax-Brief.Die Briefe an die New York Post und an die NBC News enthielten folgende Worte:

09-11-01
THIS IS NEXT
TAKE PENACILIN NOW
DEATH TO AMERICA
DEATH TO ISRAEL
ALLAH IS GREAT

Der Inhalt der Briefe an die Senatoren Daschle und Leahy lautete:

09-11-01
YOU CAN NOT STOP US.
WE HAVE THIS ANTHRAX.
YOU DIE NOW.
ARE YOU AFRAID?
DEATH TO AMERICA.
DEATH TO ISRAEL.
ALLAH IS GREAT.
Die angegebene Adresse des Absenders ist frei erfunden.

Das Milzbrandmaterial

Die Briefe enthielten mindestens zwei verschiedene Stufen des Milzbranderregers: Ein grobes braunes Material in den Briefen an die Medien und ein feines Pulver an die Senatoren. Zudem wird angenommen, dass das Milzbrandmaterial, das an eine alte Briefkastenadresse des National Enquirer gesendet und später an die American Media (AMI) weitergeleitet wurde, eine Zwischenstufe der Qualität ähnlich der Milzbrandqualität in den Senatorenbriefen war. Das bräunliche granuläre Sporenpulver an die Medienagenturen in New York City verursachte nur Hautinfektionen.

Der Milzbrand an die Senatoren und an AMI in Florida verursachte eine weitaus gefährlichere Form der Infektion über Inhalation.

Obwohl die Herstellungsqualitäten des Milzbrands unterschiedlich waren, stammte sämtliches Material von demselben bakteriellen Erregerstamm – bekannt unter dem Namen Ames-Stamm, der im Biowaffenlager der U.S. Army Medical Research Institute of Infectious Diseases (USAMRIID), Fort Detrick Maryland hergestellt wurde. Der Ames-Stamm wurde mindestens an fünfzehn biologische Untersuchungslaboratorien innerhalb der USA und sechs in Übersee verteilt.

Anfang Dezember 2001 wurde eine DNA-Sequenzierung des Milzbrands des ersten Opfers Robert Stevens unter der Leitung des The Institute for Genomic Research vorgenommen. Innerhalb eines Monats war die Untersuchung abgeschlossen. Die Analyse wurde im Journal Science 2002 veröffentlicht. Die Analyse enthüllte eine Reihe von Unterschieden, die auf Untersuchungen aus Laboratorien in England basierten. Eine anschließende Testreihe zeigte, dass der Milzbrand identisch war mit dem ursprünglichen Ames-Stamm aus Fort Detrick.

Eine Radiokohlenstoffdatierung, geleitet von dem Lawrence Livermore National Laboratory im Juni 2002, wies nach, dass der Milzbrand nicht mehr als zwei Jahre vor dem Versenden der Briefe mikrobiologisch kultiviert worden war. Im Oktober 2006 wurde berichtet, dass das Wasser, das für die Entwicklung der Milzbrandsporen benötigt wurde, aus einer Quelle im Nordosten der USA stammte. Laut Presseberichten 2003 waren Versuche des Reverse Engineering zur Rekonstruierung des Milzbrands aus den Briefen unter der Leitung des FBI fehlgeschlagen.

Ermittlungen
Gegen den US-Wissenschaftler Steven Hatfill wurde wegen des Verdachts ermittelt, er sei der Urheber der Anthrax-Anschläge, das Verfahren wurde von den US-Behörden wieder eingestellt. Eine Klage von Hatfill gegen die US-Behörden endete im Juli 2008 mit einem Vergleich und der Zahlung von 5,8 Mio. Dollar an Hatfill.

Ein bei der US-Armee im Bundesstaat Maryland beschäftigter Wissenschaftler namens Bruce Edwards Ivins soll Medienberichten zufolge am 29. Juli 2008 mit einer Überdosis von Paracetamol Suizid begangen haben, kurz bevor amerikanische Strafverfolgungsbehörden gegen ihn wegen der Anschläge von 2001 Anklage erheben konnten. Am 6. August 2008 verkündeten Ermittler des FBI, dass Ivins auf der Grundlage aller gesammelten Beweise der einzig Verantwortliche für die Anthrax-Anschläge war. Zugleich wurden Teile der Ermittlungsakten freigegeben. Hauptindizien gegen Ivins war eine nicht gemeldete Kontaminierung seines Büros 2001 mit Anthrax und laut seinem Bruder eine depressive Veranlagung und ein Hang zu Allmachtsfantasien. Ivins Anwalt hingegen sagte, dass der unerbittliche Druck der Ermittler und die Anspielungen zum Suizid seines Mandanten geführt hätten.

Die Ermittlungen wurden am 19. Februar 2010 eingestellt. Obwohl es weiterhin umstritten ist, ob die vorgelegten Indizien ausreichen, wurde Bruce Edwards Ivins vom FBI zum alleinigen Täter erklärt. Dies ist insbesondere verwunderlich, da die durch das FBI in Auftrag gegebene Evaluation der wissenschaftlichen Untersuchungen durch die National Academy of Science noch aussteht. Jeffrey Adamovicz, früherer Chef von Ivins fragt sich, ob die Untersuchung nicht zu Gunsten des FBI verläuft und deshalb der Fall abgeschlossen wurde. Auch er ist nicht von der Schuld Ivins überzeugt, da Ivins weder Know-How noch Ausrüstung hierfür besäße.

Seine Angaben decken sich mit den Berechnungen weiterer Beobachter, dass alleine die Menge an benötigtem Anthrax nicht von Ivins hergestellt werden könne, da es circa 65 Wochen bei zwei Herstellungsgängen pro Woche dauern würde und ein Gesamtvolumen von etwas 260 Liter benötigt worden wäre, was sicherlich aufgefallen wäre. Heine spricht sogar von 50 Wochen non-stop Arbeit, um die Menge an Milzbrand anzuzüchten.

Die unter dem FOIA veröffentlichte "AMERITHRAX INVESTIGATIVE SUMMARY", sei an mehreren Stellen irreführend. So wird beispielsweise Ivins einfacher Zugang zu einem Fermenter und Lyophiliser betont, obwohl der Fermenter nach Zeugenaussagen in fraglichem Zeitraum nicht benutzt wurde und sogar defekt war. Der Lyophiliser befände sich nicht in einem Sicherheitslabor und sei nicht für Anthrax benutzt worden, da dies zu einer weitführenden Kontamination des Areals und unausweichlich zu Infektionen der ungeimpften Mitarbeiter geführt hätte. Das FBI führt des weiteren Ivins Arbeitszeiten zu ungewöhlichen Abendstunden an. Abgesehen davon, dass diese Zeiten zu kurz seien, um Milzbrand für die Briefe herzustellen, hält Gerry Andrews, ein weitere Bakteriologie-Chef am USAMRIID, die Zeiten für irrelevant, da die Sporen bereits 1997 hergestellt worden sein könnten. Die Zeiten ließen sich auch durch Ivins Mitarbeit an Impfstoffstudien (Tierversuche) erklären, welche nach Angaben von Kollegen Betreuung brauchten.

2.4 Waldsterben ein deutsches Medienphänomen

Waldsterben, auch „neuartige Waldschäden" bezeichnet Waldschadensbilder in Mittel- und Nordeuropa, die seit Mitte der 1970er Jahre festgestellt und insbesondere in den 1980er Jahren breit diskutiert wurden. Das Auftreten von großflächigen Schädigungen am Waldbaumbestand und forstlich bedeutenden Baumarten führte damals zu Befürchtungen, der gesamte Waldbestand (in Deutschland auf einem Drittel der Landesfläche) sei in Gefahr. Maßgeblich beteiligt an der Etablierung des Begriffs war der Göttinger Forstwissenschaftler Bernhard Ulrich, der 1980 vom Umweltbundesamt mit der Erstellung eines Berichts beauftragt wurde.
Als Ursachen des komplexen Phänomens wurden v.a. angegen:

- *Umweltverschmutzung (Saurer Regen,*
- *bodennahes Ozon, Stickoxide,*

*- Schwermetallfreisetzung) zusammen mit dem Wegfall basischer Stäube durch
frühere Umweltschutzmaßnahmen,
- forstwirtschaftliche Probleme wie fehlerhafte Bestockung,
- die Altersstruktur der Waldbestände wie auch
- temporäre Ursachen (Trockenheit, Frost, Klimaabkühlung, Schädlingsbefall).*

Das Waldsterben wurde - auch im Zusammenhang mit Zukunftsängsten und
Kriegsgefahr - Anfang der 1980er Jahre zu einem Politikum und trug zum politischen Aufstieg der Grünen bei. In diesen Jahren stiegen das Umweltbewusstsein
und die öffentliche Aufmerksamkeit für Umweltschäden wie auch die Bemühung
um eine Erhaltung des Kulturguts wie auch der „Sehnsuchtslandschaft Deutscher
Wald" erheblich.

Die Bezeichnung als „Neuartige Waldschäden" unterscheidet das Phänomen von
klassischen Rauchgasschäden im unmittelbaren Umfeld der klassischen Schwerindustrie und bis dato bekannten Waldschäden natürlichen Ursprungs Neuartig war
auch die Ausdehnung in den einzelnen Regionen und die Erkrankung mehrerer
Baumarten innerhalb weniger Jahre.

Waldsterben als Medienphänomen
Völlig devastierter Waldhang im tschechischen Erzgebirge 1998– Ursache für dieses großflächige Absterben waren die Rauchgase aus veralteten tschechischen
Braunkohlekraftwerken.Das Waldsterben wurde von einigen Kritikern   als deutsches Medien-Klischee beschrieben, welches ein völlig übertriebenes apokalyptisches Weltuntergangsszenario heraufbeschwöre und Alarmismus auslöse . Im Ausland wurde unterstellt, es handele sich beim „Waldsterben" um ein rein deutsches
Phänomen. Der französische Begriff „le waldsterben" unterstellte den östlichen
Nachbarn nationalistisch gefärbte, romantische Zuneigung zum Deutschen Wald.
Zudem wurden dramatische Übertreibungen und unnötige apokalyptische Ängste
im Umweltbereich unterstellt. Global hatte die Belastung mit Schwefeldioxid und
damit dem Sauren Regen bereits im Jahr 1973 ihren Höhepunkt erreicht und wurde nach der Stockholmer UN-Umweltkonferenz 1972 und bis zur am 16. Oktober
1984 von der Bundesregierung vorgelegten ersten bundesweiten Waldschadenserhebung deutlich verringert. In den meistgekauften Zeitungen und Zeitschriften in
Deutschland erschienen zwischen 1981 und 1988 mehr als 100 Artikel über das
Waldsterben.

In Westdeutschland war diese Entwicklung aus mehreren Gründen verzögert. Unter dem Begriff Waldsterben wurden unterschiedliche Schadensursachen und
Schäden subsumiert und in Öffentlichkeit und Medien sehr intensiv beobachtet und
wahrgenommen.

Die dramatischen Fernsehbilder stark zerstörter Waldgebiete der 80er Jahre
stammen ausnahmslos von einigen wenigen Flecken im Harz oder Erzgebirge. Die
Ende der 70er intensivierte Nutzung der vorhandenen Braunkohlevorkommen in
Westdeutschland (inklusive der Oberpfalz), der DDR und ČSSR und eine unzureichende Umwelttechnik führten hier zu Belastungen, die bereits in der Zeit der frü-

hen Industrialisierung als Rauchschäden erklärt und benannt wurden. (Allerdings sind einzelne Symptome der „neuartigen" Waldschäden bereits auf Landschaftsgemälden aus früheren Jahrhunderten abgebildet. Nur teilweise lässt sich dafür die bereits im Mittelalter begonnene Verhüttung sulfidreicher Erze verantwortlich machen.)

2.5 CO2 - Die Lüge über Kohlenstoffdioxid

Kohlenstoffdioxid, auch Kohlendioxid oder in gelöster Form umgangssprachlich oft ungenau Kohlensäure genannt, ist eine chemische Verbindung aus Kohlenstoff und Sauerstoff mit der Summenformel CO2. Kohlenstoffdioxid ist ein saures, unbrennbares, farb- und geruchloses Gas, das sich gut in Wasser löst. Mit basischen Metalloxiden oder –hydroxiden bildet es zwei Arten von Salzen, die Carbonate und Hydrogencarbonate genannt werden.

Kohlenstoffdioxid ist ein natürlicher Bestandteil der Luft, wo es in einer mittleren Konzentration von 0,038 % vorkommt. Es entsteht sowohl bei der vollständigen Verbrennung von kohlenstoffhaltigen Substanzen unter ausreichender Sauerstoffzufuhr als auch im Organismus von Lebewesen als Kuppelprodukt der Zellatmung. Pflanzen, manche Bakterien und Archaeen wandeln Kohlenstoffdioxid durch Fixierung in Biomasse um. Bei der Photosynthese entsteht aus anorganischem Kohlenstoffdioxid und Wasser Glucose. Kohlenstoffdioxid ist ein wichtiger Bestandteil des globalen Kohlenstoffzyklus. In höheren Konzentrationen wirkt Kohlenstoffdioxid giftig und kann zum Tod durch Ersticken führen.

Der Kohlenstoffdioxid-Anteil in der Erdatmosphäre war im Verlauf der Erdgeschichte beträchtlichen Schwankungen unterworfen, die verschiedene biologische, chemische und physikalische Ursachen haben. Vor 500 Millionen Jahren war die Kohlenstoffdioxid-Konzentration circa 20-fach höher als in der heutigen Zeit. Der Wert sank kontinuierlich und betrug im Jura etwa das vier bis fünffache des aktuellen Werts. Seitdem sank der Wert weiter. Die anthropogenen, das heißt vom Menschen verursachten, Kohlenstoffdioxid-Emissionen betragen jährlich circa 36,3 Gigatonnen und sind nur ein kleiner Anteil des überwiegend aus natürlichen Quellen stammenden Kohlenstoffdioxids von jährlich etwa 550 Gigatonnen Kohlenstoffdioxid.

Wieviel CO2 des Menschen ist in der Atmosphäre?
Insgesamt macht CO2 0,0385 Prozent der Atmosphäre aus oder 385 ppm mit allen natürlichen Ursachen. Davon der menschliche Anteil von 5 Prozent (laut IPCC) ist NUR 0,0019 Prozent! 95 Prozent des CO2 kommt nicht vom Menschen.

Die Antwort lautet, der menschliche Anteil des CO2 an der Luft ist 0,0019 Prozent, das ist alles. Mit dem Begriff "vom Menschen" ist alles gemeint, was die menschliche Zivilisation an CO2 produziert, die gesamte Abgabe in die Atmosphäre.

Hoch oben in der Stratosphäre, wo ja laut den Klimaforschern das CO2 sein Unwesen treibt und den angeblichen Treibhauseffekt verursacht, dort ist der Anteil des CO2 nur 10 ppm oder 0.001 Prozent! Warum ist dort oben weniger CO2? Weil CO2 schwerer als Luft ist und zu Boden sinkt.

Ökologische Bedeutung
Pflanzen und photosynthesefähige Bakterien nehmen Kohlenstoffdioxid aus der Atmosphäre auf und wandeln dieses durch Photosynthese unter Einwirkung von Licht und Aufnahme von Wasser in Kohlenhydraten wie Glucose um. Dieser Prozess setzt gleichzeitig Sauerstoff aus der Dekomposition von Wasser frei. Die entstehenden Kohlenhydrate dienen als Energieträger und Baustoff für alle anderen biochemischen Substanzen wie Polysaccharide, Nukleinsäuren und Proteine. Kohlenstoffdioxid stellt damit den Rohstoff für die Bildung aller Biomasse in der Primärproduktion der Ökosysteme.

Der Abbau von Biomasse durch Atmung ist, in Umkehrung zum Prozess der Photosynthese, wieder mit der Bildung von Kohlenstoffdioxid und dem Verbrauch des vorher freigesetzten Sauerstoffs verbunden. Alle Organismen eines Ökosystems atmen fortwährend, während die Photosynthese an die Verfügbarkeit von Licht in den Tagstunden gebunden ist. Dieses führt zur zyklischen Kohlenstoffdioxid Zu- und Abnahme im täglichen und jahreszeitlichen Rhythmus in Abhängigkeit der unterschiedlichen Lichtintensitäten.

2.6 Hackerzwischenfall am Klimaforschungszentrum der University of East Anglia

Das Hubert Lamb Building an der Universität von East Anglia, in dem die Climatic Research Unit ihren Sitz hat.Beim Hackerzwischenfall am Klimaforschungszentrum der University of East Anglia, in den Medien auch als Climategate bezeichnet, wurden im November 2009 Dokumente von Forschern der Climatic Research Unit (CRU) der University of East Anglia durch Hacker ins Internet gestellt. Der Vorfall und die daraufhin erhobenen Vorwürfe erregten unmittelbar im Vorfeld der UN-Klimakonferenz in Kopenhagen Aufsehen in Blogs und Erwähnung in internationalen Medien. Die Dokumente, über 1.073 E-Mails und 3.485 andere Dateien, stammen aus einem Zeitraum von 1996 bis 2009 und sind laut Phil Jones, dem Direktor der CRU, echt. Über die Urheber des Datendiebstahls ist bislang nichts Genaueres bekannt, die Ermittlungen werden seitens der Norfolk Constabulary geführt.

E-Mails

Die University of East Anglia meldete am 20. November den Vorfall der Polizei, nachdem im Internet bereits Diskussionen stattgefunden hatten. Die bis 1996 zurückreichenden E-Mails wurden zuerst auf einen russischen Server hochgeladen und mit folgendem anonymen Kommentar versehen: We feel that climate science is too important to be kept under wraps. We hereby release a random selection of correspondence, code, and documents. Hopefully it will give some insight into the science and the people behind it.(Übersetzung: „Wir glauben, dass die Klimaforschung zu wichtig ist, um unter Verschluss gehalten zu werden. Hiermit veröffentlichen wir eine Auswahl von Briefwechseln, Codes und Dokumenten. Hoffentlich vermittelt sie Einsicht in diese Wissenschaft und die Menschen, die dahinter stehen.")

Einigen Wissenschaftlern, in erster Linie dem Leiter des CRU, Phil Jones, und dem an der Pennsylvania State University arbeitenden Michael E. Mann, wird aufgrund bestimmter E-Mails vorgeworfen, Daten manipuliert und geheimgehalten sowie Absprachen zur Bedrängung von Kritikern getroffen zu haben. Deren Publikationen sollten laut den Vorwürfen zum Beispiel aus dem Bericht des Weltklimarats herausgehalten und bei Peer-Review-Verfahren behindert werden. Jones wird zudem vorgeworfen, er habe Mann die Löschung von bestimmten E-Mails nahegelegt, möglicherweise um Anfragen im Rahmen des Freedom of Information Act zu konterkarieren. Als juristisch relevant gelten zudem E-Mails, in denen angeblich vorgeschlagen wird, bestimmte Daten, unter anderem Rohdaten verschiedener Klima-Messreihen, am mit der Universität eng zusammenhängenden Hadley Center, zu löschen.

Reaktionen und Stellungnahmen

Phil Jones wies den Verdacht einer Datenmanipulation als „kompletten Blödsinn" zurück. Michael Mann, der ebenfalls von einer Untersuchung betroffen ist, bezeichnete die Veröffentlichung als Sabotageversuch gegenüber der UN-Klimakonferenz in Kopenhagen.

Offizielle Untersuchungen

Die Universität East Anglia, die Pennsylvania State University und der Weltklimarat stellten Untersuchungen in Aussicht. Phil Jones seinerseits kündigte am 1. Dezember an, für die Dauer der Untersuchung sein Amt als Leiter des CRU ruhen zu lassen. Er wird in dieser Zeit durch Peter Liss ersetzt.

Die Universität of East Anglia berief einen Auschuß zur Bewertung der Wissenschaftlichkeit (Science Assessment Panel), die Besetzung wurde mit der Royal Society abgestimmt. Vorsitzender war Lord Oxburgh, Mitglieder Huw Davies (ETH Zürich), Kerry Emanual vom Massachusetts Institute of Technology, Lisa Graumlich von der University of Arizona, David Hand vom Imperial College London sowie Herbert Huppert und Michael Kelly von der University of Cambridge. Es wurde später bekannt, dass der Ausschuss sich nicht von der Qualität, sondern nur der wissenschaftlichen Integrität der Arbeit bei CRU überzeugen sollte. Letztere sei nicht in Frage gestellt. Phil Willis, Baron Willis of Knaresborough, Vorsitzender des ebenfalls in der Angelegenheit tätigen Wissenschaftsausschuß des britischen Parlaments bis zu den Britischen Unterhauswahlen im Mai 2010 sprach in dem Zusammenhang von einem so wörtlich Taschenspielertrick., andere Parlamentarier von Schönfärberei (wörtlich Whitewash, Kalken). Nichtsdestotrotz kam die Untersuchung unter anderem zu dem Ergebnis, es sei sehr erstaunlich, dass die entsprechende Forschung ohne die Heranziehung professioneller Statistiker durchgeführt wurde und es gäbe Nachholbedarf bei der Offenlegung von Forschungsdaten.

Die parlamentarische, von der Universität unabhängige Untersuchung wurde von Muir Russell geleitet. Untersucht werden sollte unter anderem, inwieweit Daten, außerhalb des Rahmens wissenschaftlicher Gepflogenheiten, manipuliert oder zurückgehalten wurden und ob die Forschungspraktiken wissenschaftlichen Standards entsprachen. Die Pennsylvania State University kündigte eine Überprüfung der veröffentlichten E-Mails bzw. des Datenmaterials an. Sie wird, solange die Untersuchung läuft, jedoch nicht weiter zum Sachverhalt Stellung nehmen.

Der Report der von Muir Russell geleiteten Kommission, der Geoffrey Boulton, Peter Clarke, David Eyton und James Norton angehörten, wurde am 7. Juli 2010 veröffentlicht. Er kam zu dem Ergebnis, dass es an der Aufrichtigkeit und Disziplin der CRU-Forscher keinen Zweifel gebe. Auch deute nichts darauf hin, dass sie voreingenommen gewesen wären, irreführende Analysen gemacht hätten oder abweichende Meinungen unter Missbrauch ihrer Stellung unterdrückt hätten. Es sei kein Beleg für ein Verhalten gefunden worden, dass die Schlussfolgerungen des IPCC untergraben würde. Bemängelt wurde, Jones und seine Kollegen hätten bei der Anfertigung einer Grafik im Jahr 1999, die in ähnlicher Form in den Dritten Sachstandsbericht des IPCC einging, die Bearbeitung der Daten für die Grafik explizit deutlich machen müssen. Auch hätten sowohl die CRU-Wissenschaftler wie auch die University of East Anglia ein „beständiges Muster" gezeigt, nicht das „angemessene Maß an Offenheit" gegenüber Kritikern ihrer Arbeit zu demonstrieren.

Das Science and Technology Committee des britischen Parlaments befasst sich seit Februar 2010 mit dem Vorfall. Unter anderem geht es um die Integrität wissenschaftlicher Forschung im Auftrag der Politik. Zu einer Anhörung Ende Februar 2010 im House of Commons wurden neben Jones auch Benny Peiser und andere geladen. Insbesondere das Zurückhalten von Rohdaten wurde als Verstoß gegen den Freedom of Information Act gewertet. Jones gab zu, einige ziemlich gräßliche (pretty awful) E-Mails geschrieben zu haben, aber wies Manipulationsvorwürfe zurück. Es sei zudem nicht üblich, Modelle und Rohdaten offenzulegen.

Der Forschungsausschuss des britischen Unterhauses kam einzelnen Presseberichten zu dem Ergebnis, dass den Wissenschaftlern der Climatic Research Unit kein Vorwurf zu machen sei. Es könne nicht unterstellt werden, die Wissenschaftler hätten bei der Zurückweisung von Anfragen über Forschungsergebnisse versucht, die Öffentlichkeit über Klimadaten im Unwissen zu lassen. Graham Stringer, Labourabgeordneter und der einzige Naturwissenschaftler in dem Ausschuss, war deutlich kritischer. Er sprach von einer Irreführung des Parlaments durch den Russel-Report und forderte weitere Untersuchungen.

IPCC
Der Vorsitzende des IPCC, Rajendra Pachauri, kündigte zunächst eine offizielle Untersuchung der Manipulationsvorwürfe durch das IPCC an, zog dies aber kurz darauf wieder zurück.

Öffentliche Diskussion
Besondere Aufmerksamkeit erhielt unter anderem eine E-Mail von Jones. Er beschrieb einen Trick, um die Tatsache zu kaschieren, dass Messungen an Baumringen für die letzten Jahrzehnte eine Temperaturabnahme auswiesen, obwohl die real gemessenen Temperaturen stiegen: *„I've just completed Mike's Nature trick of adding in the real temps to each series for the last 20 years (ie from 1981 onwards) and from 1961 for Keith's to hide the decline."* Jones möchte das Wort als „Kniff" ("a clever thing to do") verstanden wissen. Mehrere prominente Beobachter, unter ihnen Jochem Marotzke und Hans Joachim Schellnhuber, sehen nichts methodisch Unsauberes an dieser Vorgehensweise.

Das Zitat wurde vielfältig diskutiert und unter anderem Gegenstand von verschiedenen Parodien und Karikaturen. Bekannt wurde unter anderem eine parodistische Umsetzung von Hide the Decline in Form eines Musikvideos nach dem Song Draggin the Line von Tommy James. Das Video wurde im November 2009 von einer vorher nahezu unbekannten Gruppe namens M4GW (Minnesotans for Global Warming) auf You Tube veröffentlicht und bald zu einem regelrechten Hit mit über 500,000 Downloads. John Tierney erwähnte es in einem Kommentar für die The New York Times als Beispiel für die Risiken, die Wissenschaftler eingehen, wenn sie versuchten, als Spin-Doctor aufzutreten. Es wurde zudem bei der Rush Limbaugh Radioshow angespielt und kommentiert. Das Video erhielt Platz 6 auf der wöchentlichen Viral Video Hitliste der Tageszeitung The Guardian. Michael Mann klagte gegen die Verwendung eines Bildes, worauf das Video entsprechend abgeändert wurde.

Das Video war unter anderem Gegenstand einer Veröffentlichung in Nature, die mögliche Vertrauensverluste durch die e-mail Affäre thematisierte. Demnach seien in der Folge Experten aus der klassischen Wettervorhersage besser geeignet als die teilweise desauvoierten Klimatologen, dem allgemeinem Publikum die Herausforderungen des Klimawandels nahezubringen.

Wissenschaftliche Kommentare
Richard Somerville, einer der Hauptautoren des Vierten Sachstandsberichts des IPCC, bezeichnete den Vorfall als Teil einer Hetzkampagne zur Sabotage der UN-Klimakonferenz in Kopenhagen. Raymond Pierrehumbert verurteilte den Datendiebstahl und verteidigte Phil Jones und Michael Mann, die lediglich ihrer Arbeit nachgehen würden. Der Vorfall repräsentiere eine neue Eskalation der Kontroverse; möglicherweise könnten Manipulationen von Daten und Modellen in Zukunft folgen. Kevin Trenberth wirft den Tätern vor, nur solche Materialien veröffentlicht zu haben, die „Klimaskeptiker" in der Kontroverse um die globale Erwärmung zu ihrem Zweck missbrauchen könnten.

Die Herausgeber der Fachzeitschrift Nature sowie verschiedene Klimawissenschaftler, unter ihnen Hans von Storch und Hans Joachim Schellnhuber, sehen in den E-Mails keinerlei Anhaltspunkte für die „Verschwörungstheorien der Skeptiker"; Nature nennt eine solche Interpretation der E-Mails „paranoid". Die Korrektheit der vom CRU erhobenen Daten zur globalen bodennahen Lufttemperatur werde durch die E-Mails nicht in Frage gestellt. Der anthropogene Klimawandel sei Realität und werde künftig noch stärker in Erscheinung treten.

Judith Curry wirft Mann und anderen eine „Wagenburg-Mentalität" vor, die das Prinzip des offenen Austauschs in der Wissenschaft verletze. Von Storch sieht in den E-Mails den Versuch, alternative Ansichten aus dem wissenschaftlichen Prozess herauszuhalten, etwa indem Daten anderen Forschern nicht zugänglich gemacht worden seien. Insbesondere Phil Jones und Michael Mann sollten aufgrund ihres unwissenschaftlichen Verhaltens künftig von solchen Verfahren ausgeschlossen werden. Stefan Rahmstorf kritisierte hingegen diese Forderung. Laut James E. Hansen habe der Vorfall zwar keinen Effekt auf die Erkenntnisse der Klimatologie, allerdings repräsentierten einzelne E-Mails schlechte Entscheidungen. Hansen empfiehlt, dass Daten öffentlich zugänglich gemacht und dem Konsens widersprechende Forschungsarbeiten nicht an der Veröffentlichung gehindert werden sollten, auch wenn sie von schlechter Qualität seien.

Die American Association for the Advancement of Science, Herausgeberin des Wissenschaftsmagazins Science, befürchtet, dass die Bemühungen, die Treibhausgasemissionen zu reduzieren, durch den Vorfall geschwächt werden.

Öffentlicher Diskurs
Ein Zeitungskommentator sprach von einem Fest für Klimaskeptiker. Obwohl sich am wissenschaftlichen Sachstand durch die Veröffentlichung der E-Mails nichts geändert habe, würden Thesen einiger weniger Skeptiker deutlich breiter von den Medien thematisiert. Die öffentliche Resonanz insbesondere auf die Skeptiker zeigt sich auch in Buchveröffentlichungen wie von Brian Sussman und Roy Spencer.[49]

Politik
Im Vorfeld der UN-Klimakonferenz in Kopenhagen wies die britische Regierung die im Zusammenhang mit dem Vorfall erhobenen Vorwürfe scharf zurück. UNO-Generalsekretär Ban Ki-moon erklärte ebenfalls im Vorfeld von Kopenhagen, der Vorfall habe keinen Zweifel am wissenschaftlichen Konsens über den anthropogenen Anteil an der globalen Erwärmung geweckt. Bei einer Senatsanhörung Anfang 2010 wies auch US-Energieminister und Physik-Nobelpreisträger Steven Chu Zweifel an der Forschung zurück und verwies auf die umfangreiche wissenschaftliche Beweislage zum Klimawandel und dessen Folgen.

2.7 Schweinegrippe – Pharmaunternehmen schüren Todesangst und verdienen daran prächtig

Als Pandemie H1N1 2009/10 wird das globale Auftreten einer großen Zahl von Influenza-Erkrankungen bezeichnet, die durch einen im Jahr 2009 entdeckten Influenzavirus-Subtyp A/California/7/2009 (H1N1) und weiteren mit diesem genetisch eng verwandten Subvarianten hervorgerufen werden. Die Erkrankung ist allgemein unter den Namen Schweinegrippe und Neue Grippe bekannt. Der Name Schweinegrippe ist zwar im allgemeinen gebräuchlicher, allerdings benutzen offizielle Stellen eher den Begriff „Neue Grippe" – häufig mit einem Untertitel „Schweinegrippe". Der Virus-Subtyp wurde Mitte April 2009 bei zwei Patienten gefunden, die Ende März unabhängig voneinander in den Vereinigten Staaten erkrankt waren. Eine weitere Suche zeigte zunächst eine Häufung solcher Krankheitsfälle in Mexiko und Hinweise auf eine Verschleppung der Viren über die Landesgrenzen.

Ende April 2009 warnte die Weltgesundheitsorganisation (WHO) vor einer weltweiten Verbreitung (Pandemie). Anfang Juni 2009 wurde die Warnung auf die höchste Alarmstufe hochgestuft. Die WHO verkündete jedoch bereits Mitte Mai, dass die Kriterien angesichts der geringen Pathogenität des H1N1-Virus überarbeitet werden sollten. Die enorme Aufmerksamkeit und der Umfang der getroffenen Maßnahmen liegt darin begründet, dass ein anderer H1N1-Subtyp die Influenza-Pandemie 1919/20 („Spanische Grippe") mit 50 Millionen Todesopfern verursacht hatte. Allerdings sind H1N1-Subtypen regelmäßig an saisonalen (üblichen jährlichen) Grippewellen beteiligt.

In Deutschland sollen im Jahr 2009 bis zu 50 Millionen Personen durch eine Grippeimpfung gegen den neuen Erreger mit dem Impfstoff Pandemrix immunisiert werden können. Die Ständige Impfkommission des Robert Koch-Institutes hat am 12. Oktober 2009 lediglich eine Impfempfehlung für Beschäftigte im Gesundheitswesen und Wohlfahrtspflege, chronisch Kranke und Schwangere ausgesprochen. Die Ständige Impfkommission hat jedoch darauf hingewiesen, dass die Impfung auch anderen Bevölkerungsgruppen nützen kann.

Die Impfaktion hat in Deutschland am 26. Oktober 2009 begonnen. Sie verlief in der ersten Woche nur schleppend. In der Woche ab dem 2. November 2009 stieg die Nachfrage der Bevölkerung nach Impfungen an.

In Deutschland sind dem Robert-Koch-Institut (RKI) von Ende April 2009 bis Ende Februar 2010 insgesamt 225.000 bestätigte Fälle der Neuen Grippe (Influenza H1N1/2009) übermittelt worden, davon 235 Todesfälle, die meisten im November. Hierbei ist die Referenzdefiniton des RKI zugrunde gelegt worden. Der Anteil der Fälle mit sicherer labordiagnostischer Bestätigung nach WHO-Kriterien ist aus dieser Zahl nicht zu entnehmen (siehe dazu auch den obigen Abschnitt zur Falldefinition). Die Zahl der Neuinfektionen ist seit Dezember 2009 rückläufig. Eine Impfung wurde aber noch empfohlen, da nach dem Scheitelpunkt einer ersten Welle mit mindestens noch einmal so vielen Fällen gerechnet wurde.[93] Im Februar hatten Atemwegserkrankungen meist andere Ursachen: drei Proben positiv auf Influenza in der achten Kalenderwoche, sämtlich durch den neuen Subtyp.von Novartis-Behring die Zulassung erteilt. Celtura enthält wie die anderen Impfstoffe nur ein einziges Impfantigen und ist damit auch ein sogenannter monovalenter Impfstoff.

Durchschnittlich sterben in Deutschland jährlich ca. 15000 Menschen durch Grippe. Durch die Schweinegrippe starben während des Grippejahres 2009/2010 235 Menschen in Deutschland. Die Zahl der "15.000 bis 20.000 Grippetoten" ist eine reine Schätzung ohne jede stützende Gegenprobe und stammt von der sogenannten "Arbeitsgemeinschaft Influenza" (AGI) am Robert-Koch-Institut (RKI). Das RKI ist zwar eine Bundesgesundheitsbehörde, die AGI jedoch wird von vier Herstellern von Grippeimpfstoffen jährlich mitfinanziert. Die AGI hält ein Netzwerk von besonders impfeifrigen Meldepraxen aufrecht und schiebt mit Hilfe der erhobenen Daten die erhöhte Sterberate der kalten Wintermonate pauschal dem Influenzavirus in die Schuhe.

Diese Zusammenarbeit der Behörde mit den Herstellern rechnet sich in erster Linie für die Hersteller, die jedes Jahr aufs Neue allein in Deutschland über 20 Millionen Impfstoffdosen absetzen. Mit dem Aufbau einer Drohkulisse von Tausenden Grippeopfern soll offensichtlich eine gewollt verängstigte Menschenherde zum Impfen getrieben werden.

Dadurch, dass das Märchen von den Zehntausenden von Influenzatoten immer wieder wiederholt wird, wird es auch nicht wahrer. Das statistische Bundesamt zählt im Durchschnitt ca. 15 bis 20 laborbestätigte Todesfälle mit Influenza-Diagnose. Der Impfstatus wird in der Regel nicht erfasst. Auch hier könnte man sich fragen, wie viele dieser Menschen eigentlich das Opfer einer verfehlten Medikation und ihrer Nebenwirkungen geworden sind. Das Durchschnittsalter dieser Verstorbenen liegt übrigens bei über 70.

Anfang Mai 2010 waren in den deutschen Bundesländern noch etwa 28,3 Millionen der beschafften Impfdosen, deren Wert auf bis zu 236 Millionen Euro geschätzt wird, nicht verwendet. Verhandlungen mit anderen Staaten über einen Weiterverkauf scheiterten bisher. Die Haltbarkeit des Serums läuft Ende 2011 aus, so dass es dann nicht mehr genutzt werden kann und als Verlust verbucht werden muss.

3.0 PERSONEN UND ORGANISATIONEN

3.1 Theodor Herzl – Wie aus einem Roman der Staat Israel wurde

Angesichts des deutschen Rasse-Antisemitismus, wie ihn 1880 etwa Karl Eugen Dühring vertrat, hatte sich Theodor Herzl (1860–1904) zum Zionisten gewandelt. Während der Dreyfus-Affäre in Frankreich schrieb er 1896 das Buch Der Judenstaat – Versuch einer modernen Lösung der Judenfrage. Darin führte er seine Idee einer souveränen staatlichen Organisation aus, um dem planlosen und zerstreuten Auswandern von europäischen Juden ein gemeinsames Ziel zu geben und Siedlungsaktionen völkerrechtlich abzusichern. Dabei dachte Herzl anfangs noch nicht unbedingt an einen jüdischen Staat in Palästina; Ostafrika oder Südamerika waren ihm ebenfalls genehm. Er begründete seine Idee kaum mit religiösen Motiven, sondern mit dem Scheitern der Jüdischen Emanzipation gerade in den angeblich „zivilisierten" Ländern Europas. So hatte er bis dahin besonders Frankreich als Hort des sozialen und kulturellen Fortschritts gesehen. Nun urteilte er, der Antisemitismus werde nie verschwinden, alle Bemühungen der Juden um Assimilation würden ihn eher noch verstärken. Nur die Sammlung der Juden in einem eigenen Land könne daher der Ausweg sein.

Herzls Buch wurde anders als die Bücher seiner Vorläufer viel beachtet und gab den Anstoß zum internationalen Zusammenschluss der bestehenden nationaljüdischen Vereine. Am 29. August 1897 trafen daraufhin 200 von ihren Vereinen gewählte Delegierte in Basel zum ersten Zionistenkongress zusammen. Dort forderte Herzl erstmals einen völkerrechtlich legalisierten Judenstaat in Palästina. Daraufhin gründete sich die Zionistische Weltorganisation (World Zionist Organisation, abgekürzt WZO) mit dem Programm.

Der Zionismus erstrebt für das jüdische Volk die Schaffung einer öffentlich-rechtlich gesicherten Heimstätte in Palästina.
Dies wurde das gemeinsame Ziel aller zionistischen Strömungen. Das Wort „Judenstaat" wurde dabei vermieden, um die Gestalt des angestrebten Gemeinwesens nicht festzulegen. Um die Zionsfreunde einzubinden, nannte die Erklärung als erstes Mittel zum Erreichen des Ziels.

Die zweckdienliche Förderung der Besiedelung Palästinas mit jüdischen Ackerbauern, Handwerkern und Gewerbetreibenden.
Herzl erreichte damit den Vorrang für diplomatische Bemühungen und konnte Pläne für neue jüdische Siedlungen ohne völkerrechtliche Absicherung zunächst zurückweisen. Er verwies darauf, dass illegaler Siedlungsbau vom Machthaber Osmaniens und damit Palästinas, Sultan Abdülhamid II., nur als Faustpfand für Bedingungen benutzt würde. In den Folgejahren unternahm er zahlreiche Überzeugungsversuche bei diesem und weiteren Staatsführern, darunter Wilhelm II., jedoch ohne entscheidenden Erfolg. Trotz zunehmender Kritik an seinem Vorgehen blieb er bis zu seinem Tod 1904 Vorsitzender des Aktionskomitees.

3.2 Henry Kissinger – Ehemaliger US-Außenminister ist ein gesuchter Kriegsverbrecher

Henry Kissinger, US-Außenminister 1973-1977
Henry Kissinger (2008)Henry Alfred Kissinger (* 27. Mai 1923 in Fürth als Heinz Alfred Kissinger) ist ein US-amerikanischer Politikwissenschaftler und Politiker. Der Deutschamerikaner Kissinger spielte in der US-Außenpolitik zwischen 1969 und 1977 eine zentrale Rolle, er war Vertreter einer harten Realpolitik wie auch einer der Architekten der Entspannung im Kalten Krieg. Von 1969 bis 1973 Nationaler Sicherheitsberater der Vereinigten Staaten, von 1973 bis 1977 US-Außenminister. 1973 erhielt er gemeinsam mit Lê Đức Thọ den Friedensnobelpreis für das Friedensabkommen in Vietnam.

Politische Laufbahn

Kissinger mit Mao ZedongErste politische Erfahrung sammelte Henry Kissinger als Berater des New Yorker Gouverneurs Nelson A. Rockefeller ab 1957. In der Folge wurde er auch von den US-Präsidenten John F. Kennedy, Lyndon B. Johnson und Richard Nixon geschätzt. Mit der Wahl Nixons zum Präsidenten 1968 wurde Kissinger offizieller Berater für Außen- und Sicherheitspolitik (National Security Advisor). Die USA hatten zu dem Zeitpunkt vor allem aufgrund des Vietnamkrieges im außenpolitischen Bereich deutliche Probleme, zugleich hatte die Sowjetunion im Nahen Osten die politische Oberhand gewonnen.

Im Juli und November 1971 unternahm er zwei geheime Reisen in die Volksrepublik China, um in Gesprächen mit dem damaligen Premierminister Zhou Enlai den Weg für Nixons Besuch und eine Normalisierung der Beziehungen zwischen China und den USA zu bereiten. Diese Verhandlungen führten dazu, dass Kissinger heutzutage von chinesischen Politikern häufig als „der alte Freund des chinesischen Volkes" bezeichnet wird.

Im gleichen Jahr bereiste er auch die Sowjetunion, wo er in Moskau das erste Abkommen zur Rüstungsbegrenzung zwischen den USA und der Sowjetunion vorbereitete. Er etablierte eine Politik der Entspannung zwischen beiden Staaten und war der amerikanische Unterhändler in den Strategischen Rüstungsbegrenzungsgesprächen, die im SALT-I-Vertrag gipfelten, sowie für den ABM-Vertrag zur Begrenzung strategischer Raketen (Anti Ballistic Missiles).
Auch mit dem Nordvietnamesen Lê Đức Thọ traf er sich im Geheimen und bereitete mit ihm Friedensgespräche vor, die 1973 zu einem Friedensvertrag im Vietnamkrieg führten. Der Krieg selber ging jedoch noch bis 1975, da Lê Đức Thọ die weitere Einmischung und Waffenlieferung der USA an die südvietnamesischen Truppen mit weiteren Kriegshandlungen beantwortete. Trotzdem erhielten beide Politiker 1973 für den Vertrag den Friedensnobelpreis, den Lê Đức Thọ im Gegensatz zu Kissinger jedoch ablehnte, da der Krieg zu dieser Zeit noch andauerte.

Im September 1973 übernahm er unter Richard Nixon das Amt des Außenministers, das er auch im Kabinett von Gerald Ford bis Januar 1977 innehatte. Während der Ford-Jahre arbeitete er sehr eng und vertrauensvoll mit der Regierung

Schmidt/Genscher zusammen. Nicht zuletzt seiner Rückendeckung war es zu verdanken, dass Bonns Interesse an „unverletzlichen" aber nicht „unveränderlichen" Grenzen in Europa Eingang in die KSZE-Schlussakte fand. Durch die ausdrückliche Anerkennung der Möglichkeit friedlichen Wandels blieb somit die Option auf eine Wiedervereinigung Deutschlands gewahrt.

Von 1973 bis 1974 spielte Kissinger eine große Rolle in den Friedensbemühungen zwischen Israel und den arabischen Ländern, vor allem Syrien. Er handelte das Ende des Jom-Kippur-Krieges aus, der mit Ägyptens und Syriens Versuch der Rückeroberung des im Sechstagekrieg an Israel verlorenen Sinai bzw. der annektierten Golanhöhen begonnen hatte. Kissingers intensive Reisetätigkeit zwischen den Konfliktparteien führte zur Entstehung des damals viel gebrauchten Begriffes Pendeldiplomatie (Shuttle Diplomacy).

Kissinger ist einer der geistigen Väter der Roadmap, der Übereinkunft zwischen dem Präsidenten der palästinensischen Autonomiegebiete Arafat und Ministerpräsident Rabin im palästinensisch-israelischen Konflikt. Er war es auch, der Mubarak zu der entscheidenden Vermittlerrolle zwischen Israel und der Palästinensische Autonomiebehörde drängte. Hierbei verstand es Kissinger auch die Bundesregierung der Bundesrepublik Deutschland zur Vermittlung im Nahost-Konflikt zu bewegen. Mit der Hilfe der Außenminister Klaus Kinkel und Joschka Fischer gelang es bis zum Beginn der zweiten Intifada die Friedensverhandlungen zwischen Israel und Palästina fast zum Erfolg zu führen.

Mit der Amtsübernahme des US-Präsidenten Jimmy Carter schied Henry Kissinger aus dem Amt und zog sich weitestgehend aus dem politischen Wirken zurück. Die Globalisierung kennzeichnete er wie folgt: „Globalisierung ist nur ein anderes Wort für US-Herrschaft." Er unterstützte die Präsidentschaftskandidatur Ronald Reagans 1981 und wurde nach dessen Wahl auch in dessen Beraterstab aufgenommen. Er blieb aber in der Folgezeit politisch weitgehend einflusslos. Im Vorfeld der US-Präsidentschaftswahlen von 2000 trat er als Unterstützer von John McCain auf. Später beriet er George W. Bush. Kissinger ist Mitglied im Council on Foreign Relations und regelmäßiger Teilnehmer der Bilderberg-Konferenzen. Seit 1996 ist Kissinger Mitglied des wissenschaftlichen Beirates der bundesunmittelbaren Otto-von-Bismarck-Stiftung.

Rolle als politischer Medienstar
Kissinger schaffte es wie kein US-Außenminister vor ihm oder nach ihm, Star-Status zu erlangen. Man sah ihn auf vielen gesellschaftlichen Ereignissen mit Showstars wie Frank Sinatra, außerdem wurde ihm zwischen 1964 und 1974 eine Vielzahl von Beziehungen mit prominenten Frauen nachgesagt, von Barbara Walters, Gina Lollobrigida, Joanna Barnes, Marlo Thomas, Persis Khambatta, Zsa Zsa Gabor, Candice Bergen, Samantha Eggar bis zu der Schauspielerin Jill St. John. Kissinger avancierte zum Medienstar, indem er geschickten Umgang mit Journalisten pflegte. Als Nixon durch die Watergate-Affäre unter Druck geriet und sich stärker aus der Öffentlichkeit zurückzog, besetzte Kissinger den freigewordenen Leerraum und avancierte zum „Ersatzpräsidenten". Der für seine Bescheidenheit

bekannte Ford wiederum gestattete es dem – nicht zuletzt durch den Nobelpreis – prominent gewordenen Kissinger, seine Starrolle weiterzuspielen, auch wenn er ihn schließlich vom Posten des Sicherheitsberaters entband.

Neben Herman Kahn, John von Neumann, Wernher von Braun, Edward Teller und dem damaligen US-Verteidigungsminister Robert Strange McNamara gilt Kissinger als einer der Vorbilder für die deutschstämmige Titelfigur des satirischen Films Dr. Seltsam oder: Wie ich lernte, die Bombe zu lieben.

Geschäftsinteressen

Kissinger gründete 1982 die Beratungsfirma Kissinger Associates, deren Präsident er ist. Die Liste der Geschäftskunden wird nicht offenbart, durchgesickert ist die Arbeit für American Express, American International Group, Atlantic Richfield Company, Chase Manhattan Bank, Coca-Cola, Fiat, Freeport-McMoRan, Heinz, Merck & Co. und Volvo. Er ist Mitglied im Aufsichtsrat des Flugzeugherstellers Gulfstream Aerospace und der Chicagoer Zeitungsgruppe Sun-Times Media Group.

Nachdem er 1994 für die Kupfer- und Gold-Bergbaufirma Freeport-McMoRan bei der Klage gegen die Overseas Private Investment Corporation wegen der aus Umweltschutzgründen zurückgenommen Garantie von 100 Millionen Dollar engagiert war, wurde er von 1995 bis 2001 Mitglied im Freeport-Aufsichtsrat. Im Jahr 2000 ernannte ihn der damalige indonesische Präsident Abdurrahman Wahid zum politischen Berater.

Kritik und Versuch von Strafverfolgung

Kissingers langjährige Tätigkeit an zentralen Schaltstellen der US-amerikanischen Außenpolitik wurde wie diese auch intensiv kritisiert. Insbesondere Kissingers Rolle beim Putsch in Chile 1973 sowie eine vermutete Beteiligung an der Operation Condor führte bis heute zu mehreren gerichtlichen Vorladungen in verschiedenen Ländern, denen Kissinger allerdings nie nachgekommen ist.

Am 28. Jahrestag des Putsches in Chile, dem 11. September 2001, reichten Anwälte einer chilenischen Menschenrechtsorganisation Klagen gegen Kissinger, Augusto Pinochet, Hugo Banzer, Jorge Rafael Videla und Alfredo Stroessner ein. Gleichzeitig erfolgte beim Bundesgerichtshof in Washington, D.C. eine Zivilklage gegen Kissinger und Richard Helms, Hintergrund sind CIA-Aktivitäten in Chile im Vorfeld. Das East Timor Action Network, die International Campaign against Impunity und das Instituto Cono Sur betreiben seit 2002 das Projekt Kissinger Watch, das Informationen über die Strafverfolgung Kissingers veröffentlicht.

Bekannt wurde ebenfalls eine Rolle Kissingers und des US-Präsidenten Gerald Ford bei der indonesischen Invasion Osttimors, die von Dezember 1975 bis Februar 1976 zirka 60.000 Opfer kostete. Kissinger bestritt, überhaupt von den Plänen für die Invasion gewusst zu haben, bis durch die US-Behörden aufgrund des Freedom of Information Act freigegebene Dokumente das Gegenteil aufzeigten. Unter anderem Seymour Hersh griff Kissinger massiv an und machte ihn unter anderem für den Tod vieler Zivilisten in Vietnam und Kambodscha persönlich verantwortlich

Umgekehrt werteten einige Falken Kissingers Beitrag zur Entspannungspolitik und zu besseren Beziehungen mit der VR China als Appeasement gegenüber dem Kommunismus. Kissingers Verhalten hätte so indirekt zu Massakern in Indochina (Laos, Kambodscha-Genozid, der Tragödie der Boat People) und später (unter Carter) zur sowjetischen Invasion in Afghanistan geführt.

3.3 Prescott Bush – Der Vorfahre zweier US-Präsidenten bereicherte sich durch NS-Sklavenarbeit

Prescott Sheldon Bush (* 15. Mai 1895 in Columbus, Ohio; † 8. Oktober 1972 in New York City) war Senator der Vereinigten Staaten aus Connecticut und Geschäftsführer der Wall-Street-Bank Brown Brothers Harriman & Co.

Prescott Bush ist Vater von George Herbert Walker Bush und Großvater von George W. Bush, beide wurden Präsidenten der Vereinigten Staaten.

Politische Karriere

Von 1944 bis 1956 war Bush Mitglied der Yale Corporation, der die Yale University leitenden Körperschaft. Von 1947 bis 1950 war er Schatzmeister der Republikaner in Connecticut und 1950 der republikanische Kandidat für den US-Senat. Jedoch verlor er gegen Senator William Benton mit einem Unterschied von nur 1000 Stimmen. Im folgenden Jahr wurde Bush in Connecticut Vorsitzender des United Negro College Fund und einer der ersten Förderer der Organisation, die Afroamerikanern über Stipendien das Studium an Universitäten und Colleges ermöglichte.

1952 wurde er zum US-Senator (Republikaner, Connecticut) gewählt, nachdem er gegen Abraham Ribicoff gewann und dadurch den gerade verstorbenen James O'Brien McMahon ersetzte. Er hatte das Amt bis 1963 inne und war ein überzeugter Unterstützer von Präsident Dwight D. Eisenhower.

In einer Rede über Nathan Hale am 6. Juni 1955 in New London, Connecticut, sagte er über den kalten Krieg: „Wir müssen eine starke Verteidigung aufrechterhalten. Sowohl in militärischer, als auch in spiritueller Hinsicht. Es ist unser Handeln, unser Patriotismus und unser Glaube an unseren American way of life, unser Mut, der die entscheidende Schlacht gewinnen wird.‟

Er hatte Häuser in Long Island, New York City und Greenwich, Connecticut, das Haus der Familie in Kennebunkport, eine 40 km² große Plantage in South Carolina und eine Ferieninsel vor Florida. Richard Nixon betrachtete Prescott Bush als seinen politischen Mentor und holte vor seiner berühmten Checkers-Rede seinen Rat ein.

Enteignung während des Zweiten Weltkrieges

Die Harriman Bank war der wichtigste Wall-Street-Kontakt für deutsche Firmen und die verschiedenen finanziellen Interessen von Fritz Thyssen in den USA, der bis 1938 ein früher finanzieller Unterstützer der NSDAP gewesen, jedoch 1939 aus Deutschland geflohen war und eine kritische Haltung zu Hitler eingenommen hatte. Handel mit dem Deutschen Reich war nicht illegal, bis Hitler den USA den Krieg erklärte. Das änderte sich sechs Tage nach Pearl Harbor, als Präsident Roosevelt den Trading With the Enemy Act unterschrieb. Am 20. Oktober 1942 ordnete die US-Regierung die Einstellung des Bankverkehrs mit Deutschland in New York an.

1942 wurden Bushs Geschäftsanteile an der Union Banking Corporation enteignet, einem Unternehmen, in dessen Management er tätig war und das gegen den Trading with the Enemy Act verstoßen hatte. Als Entschädigung erhielt er dafür 1,5 Millionen Dollar, die er als finanzielle Grundlage für das spätere Engagement der Familie Bush in der texanischen Ölindustrie nutzte.

Die New York Herald Tribune bezeichnete den deutschen Industriellen Fritz Thyssen als „Hitlers Engel" und erwähnte Bush nur als einen Mitarbeiter der Investmentfirma Thyssen in den USA. Es handelte sich dabei um eine ironische Bezeichnung, da Thyssen 1939 bereits ausgebürgert wurde und nach dem Zerwürfnis mit Hitler wegen des Deutsch-sowjetischen Nichtangriffspaktes in die Schweiz emigriert war.
Toby Rogers behauptet, dass Bushs Verbindungen zur Silesian-American Corporation ihn der Mittäterschaft an den Minenoperationen der polnischen Firma schuldig machten, bei der Sklavenarbeiter aus Auschwitz eingesetzt wurden, wo später das Vernichtungslager Auschwitz gebaut wurde. Die Behauptungen, dass Prescott Bush von Sklavenarbeit oder dem Konzentrationslager Auschwitz profitierte, bleiben jedoch unbewiesen.

Am 1. November 2004 versuchte die Internationale Projektgruppe Auschwitz mit Sammelklagen, seinen Enkel George W. Bush auf Schadensersatz in Höhe von 400 Millionen Dollar zu verklagen, weil Prescott Bush an einem Unternehmen beteiligt war, das Gewinn aus der Zwangsarbeit von KZ-Häftlingen zog.

Ihrer Ansicht nach beruht das geerbte Vermögen Bushs zum Teil auf Gewinnen aus NS-Sklavenarbeit, die dessen Großvater Prescott Bush durch Geschäfte mit den Nazis im Zweiten Weltkrieg gemacht haben soll. Der Miteigentümer einer Stahlfirma habe so auch von der Sklavenarbeit im Vernichtungslager Auschwitz profitiert, erläuterte Wolz.

3.4 Skull & Bones – Das mystische, soziale Netzwerk der Elite

Skull & Bones (engl. für „Schädel und Knochen") ist eine Studentenverbindung auf dem Gelände der Yale University, welche 1832 gegründet wurde. Sie wird von der Russell Trust Association (s. u.) finanziert, die als Ehemaligenorganisation 1856 in die Universität eingegliedert wurde.

Hauptsitz hat sie auf dem Campus der Universität, in einem Gebäude, welches als Tomb (Gruft), als Tempel, T oder Boodle bezeichnet wird.

Skull & Bones ist unter vielen Namen bekannt: The Order of Death („Orden des Todes"), einfach The Order und The Eulogian Club („Der eulogianische Club") oder Loge 322. Initiierte werden als Bonesmen (Knochenmänner), Knights of Eulogia („Ritter der Eulogia") oder Boodle Boys bezeichnet. Seit 1991 sind in diesem Orden auch Frauen als Mitglieder zugelassen und initiiert worden, womit sich die Bezeichnung der Mitglieder des hoch exklusiven Zirkels entsprechend auf: Boneswomen (Knochenfrauen), Ladies of Eulogia (Hohe Damen von Eulogia) und Boodle Girls erweitert.

Skull & Bones ist bekannt dafür, einige führende Vertreter in Politik und Wirtschaft hervorgebracht zu haben, darunter drei Präsidenten der USA. Neben ihren nur gerüchteweise bekannten Bräuchen machte sie dies zum Gegenstand von Verschwörungstheorien.

Quellen und Zeugnisse

Bei Skull & Bones ist vieles nicht geheim, sondern lediglich fremd für diejenigen, die die Zustände an US-amerikanischen Eliteuniversitäten und insbesondere Yale nicht kennen. Bis einschließlich 1970 wurden die Mitgliederlisten in der Universitätsbibliothek allgemein zugänglich aufbewahrt, in der Presse veröffentlicht, zeitweise sogar in der New York Times. Mit wenigen Ausnahmen (z.B. Dana Milbank) wird seit der Zeit der ersten größeren Publikationen über den Orden um 1983 über die späteren Verzeichnisse von der Ordensseite her Schweigen bewahrt. Das Haus der Geheimgesellschaft steht wie die der konkurrierenden Gesellschaften auf dem Campus. Name und Logo sind allgemein bekannt. Der Diskretion unterliegt nur, was im Haus, der Gruft, passiert.

Bereits im 19. Jahrhundert gab es Versuche, mehr zu erfahren. Die verfügbaren Informationen stammen aus halböffentlichen Dokumenten, Material aus Einbrüchen, Berichten der Einbrecher, Berichten von wenigen, die beruflich oder zur Arbeit in die Gruft geholt wurden, mehr oder weniger weitgehenden Berichten von einzelnen Mitgliedern, zugespielten internen Dokumenten, Berichten aus Rechtsstreitigkeiten zwischen Skull & Bones und anderen (s. u. zu Geronimos Schädel) und Berichten von Außenstehenden über heimlich beobachtete Zeremonien oder Rituale.

Daneben wurden die Karrieren und gegenseitige Begünstigung zahlreicher Mitglieder in Wirtschaft und öffentlichen Ämtern recherchiert und in der Presse veröffentlicht. Dabei steht die Familie der ehemaligen US-Präsidenten Bush im Vordergrund.

Das meiste Material ist allgemein nicht überprüfbar. Die Einbrecher haben eine Auswahl nach eigenem Belieben getroffen. Den bedeutsamsten Einbruch verübte 1876 eine Gruppe mit dem doppeldeutigen Namen The Order of File and Claw („Der Orden der Akte/Feile und Klaue/Greifer"). Ihr Bericht ist in der Universitätsbibliothek von Yale einsehbar. Die Aussagen, die aus den genannten Berichten stammen, können nur nach ihrer Plausibilität bewertet werden. Die Gerüchte, die über die Vorgänge in der Gruft verbreitet werden, könnten übertrieben oder zur Desinformation gestreut worden sein. Und selbst wenn Meldungen über einzelne Vorkommnisse richtig sind, können aus ihnen keine allgemeinen Urteile abgeleitet werden.

Zum Phänomen Skull & Bones gehört es, dass Berichte unkritisch als Bestätigung für die eigenen Vermutungen oder Verschwörungshypothesen angenommen werden. Antony C. Sutton, Autor der in den 1980 erschienen ersten größeren Untersuchung, war beispielsweise geleitet erstens von dem Verdacht, die Illuminaten hätten nach ihrem Verbot in Bayern in den USA fortbestanden und Skull & Bones wäre eine ihrer Zellen und zweitens von einer Abneigung gegen Hegel, dessen Philosophie die Illuminaten dann genutzt hätten, um individuelle Freiheiten zu beschränken.

Bis einschließlich 1970 veröffentlichten Skull & Bones ihre Mitgliederlisten in Zeitungen, welche auch in der Bibliothek von Yale aufbewahrt werden. Die folgende Aufstellung der Bonesmen ist eine Zusammenstellung dieser Listen:

- William M. Evarts (1837), US-Außenminister, US-Justizminister, US-Senator (Enkel von Roger Sherman)
- Morrison R. Waite (1837), Oberster Gerichtshof der USA, Recht
- Timothy Dwight V (1849), Präsident der Yale University
- Simeon Eben Baldwin (1861), Gouverneur und Oberrichter des Staates Connecticut (Sohn von Roger Sherman Baldwin)
- Franklin MacVeagh (1862), US-Finanzminister unter Präsident Taft
William Collins Whitney (1863), US-Marineminister und New York City-Finanzier
- William Howard Taft (1878), 27. Präsident der USA, Oberrichter der USA, US-Kriegsminister, Sohn von Alphonso Taft
- Edward Baldwin Whitney (1878), New York Oberster Gerichtshof; Recht
- Henry L. Stimson (1888), US-amerik. Politiker; u.a. durch W.H. Taft als Kriegsminister ins Amt berufen (United States Secretary of War), und wurde dies erneut zur Zeit der Atombombenabwürfe auf Japan; Außenminister der USA (United States Secretary of State); Leiter des Manhattan-Projektes
- Gifford Pinchot (1889), United States Forest Service unter Präsident Theodore Roosevelt
- Pierre Jay (1892), erster Vorsitzender der Federal Reserve Bank (US-Bundeszentralbank) von New York

- Harry Payne Whitney (1894), Ehemann von Gertrude Vanderbilt Whitney; Investment Banker
- Alfred Gwynne Vanderbilt, (1898), Sohn von Cornelius Vanderbilt II, Bruder von Gertrude Vanderbilt Whitney
- Frederick E. Weyerhaeuser (1896), Nachkomme von Weyerhaeuser Paper Co.
- Percy Avery Rockefeller (1900), Direktor von Brown Brothers Harriman, Standard Oil und Remington Arms
- Thomas Cochran (1904), JP Morgan-Partner
- Harold Stanley (1908), Gründer des Investmenthauses von Morgan Stanley
- Hugh Wilson (1909)
- Robert D. French (1910)
- Alfred Cowles (1913), Cowles Communication
- Averell Harriman (1913), US-Botschafter und US-Finanzminister, Gouverneur von New York, Vorsitzender und Vorstandsvorsitzender der Union Pacific Railroad, Brown Brothers & Harriman und die Southern Pacific Railroad
- John Thomas Daniels (1914), Gründer von Archer Daniels Midland
Archibald MacLeish (1915), Poet und Autor; in weiten Teilen der Autor der Verfassung der UNESCO; Pulitzerpreisträger
- Prescott Bush (1917), Senator von Connecticut und Bankier
- F. Trubee Davison (1918), Personaldirektor der Central Intelligence Agency
- Artemus Gates (1918), Präsident der New York Trust Company, Union Pacific Railroad, TIME-Life und Boeing Company
- Henry P. Davison Jr. (1920), Direktor beim Time Magazine
- Henry Luce (1920), Mitbegründer von Time-Life Enterprises
- John Sherman Cooper (1923), US-Senator und Mitglied der Warren-Kommission (diese wurde zur Aufklärung des Kennedy-Mordes gebildet)
- Russell W. Davenport (1923), Herausgeber des Fortune Magazine, schuf die Fortune 500-Liste
- George Herbert Walker Jr. (1927), Finanzier und Mitbegründer der New York Mets
- John Rockefeller Prentice (1928), Enkel von John D. Rockefeller, Pioneer der künstlichen Befruchtung; mit dem Ziel der Verbesserung des genetischen Pools auf Tierfarmen
- John Heinz II (1931), Erbe der H. J. Heinz Company, Vater des US-Senators John Heinz
- Amory Howe Bradford (1934), General-Manager der New York Times, Ehemann von Carol Warburg Rothschild
- Jonathan Brewster Bingham (1936), US-Senator
- Potter Stewart (1936), Oberster Gerichtshof der USA, beigeordneter Richter
- Dean Witter, Jr. (1944), Gründer des Investmenthauses Dean Witter & Co.
- James Buckley (1944), US-Senator
- John Chafee (1947), US-Senator, Secretary of the Navy und Gouverneur von Rhode Island; Vater von US-Senator Lincoln Chafee
- George Herbert Walker Bush (1948), 41. Präsident der USA, Vize-Präsident der USA unter Präsident Ronald Reagan, Direktor der CIA, Vorsitzender des Republican National Committee, Botschafter der Vereinten Nationen, US-Botschafter in China

- William Sloane Coffin (194-), bedeutender amerikanischer Prediger, Theologe und Friedensaktivist
- William F. Buckley, Jr. (1950), Gründer von National Review, Autor
- William Henry Draper III (1950), Sitz im UNO-Entwicklungsprogramm und Export-Import Bank of the United States
Evan G. Galbraith (1950), US-Botschafter von Frankreich und managender Direktor von Morgan Stanley
- Dino Pionzio (1950), Stellvertretender CIA-Chief of Station während des chilenischen Putsches von 1973 (Allende-Sturz)
- Robert Gow (1955), Präsident von Zapata Oil
- Charles Edwin Lord (1949), US-Rechnungsprüfer der Devisen
- Winston Lord (1959), Vorsitzender des Council on Foreign Relations, US-Botschafter von China, und US-Staatssekretär-Assistent
- David Boren (1963), US-Senator
- John Kerry (1966), US-Senator und 2004 US-Präsidentschaftskandidat der Demokratischen Partei
- Frederick W. Smith (1966), Gründer von FedEx
- George W. Bush (1968), 43. Präsident der USA, Gouverneur von Texas

Bush & Kerry
Zitat von A. Robbins: „Ohne Skull & Bones wäre ein so mittelmäßiger und inkompetenter Politiker wie George W. Bush niemals Präsident der USA geworden."

Es hat in den USA für einige Irritationen gesorgt, dass die beiden US-Präsidentschaftskandidaten des Jahres 2004 Mitglied von Skull & Bones waren, John Kerry des Jahrgangs 1966, zwei Jahre vor George W. Bush, obwohl sie aus verschiedenen politischen Lagern stammen. Beide lehnten es ab, über die gemeinsame Verbindung zu sprechen, als sie von Tim Russert für die Sendung Meet The Press von NBC darauf angesprochen wurden.

3.5 Atlantik-Brücke – Ein Brückenschlag zwischen den deutschen und amerikanischen Lobbyisten

Die Atlantik-Brücke ist laut Satzung ein Verein zur Förderung der Freundschaft und des Verständnisses für Deutschland in anderen Staaten, insbesondere in Kanada und den Vereinigten Staaten von Amerika sowie den europäischen Staaten, und des Verständnisses für die vorgenannten Staaten in Deutschland. Der Verein will diese Ziele informatorisch-publizistisch erreichen und arbeitet mit ähnlich orientierten Personen und Institutionen zusammen. Der Zweck des Vereins ist außerdem Kontaktpflege zu führenden Persönlichkeiten der USA. Arend Oetker beschrieb diese Lobbytätigkeit im Jahr 2002 folgendermaßen: „Die USA wird von 200 Familien regiert und zu denen wollen wir gute Kontakte haben." Die FAZ: „Die Atlantik-Brücke e. V. ist einer der in Deutschland seltenen Versuche, von privater

Seite in den politischen Raum hineinzuwirken, sympathiebildend, kontaktvermit-
telnd, katalysatorisch." Walther Leisler Kiep: die Atlantik-Brücke solle den „Freun-
den Amerikas in Deutschland eine Stimme geben."

Vereinsarbeit
Der Verein veranstaltet Konferenzen, Seminare und Kolloquien. Durch verschiedene Programme (Schüler-, „Young Leaders"-, Lehrer-, Offiziers-, Journalistenpro-
gramme) wurde ein Netzwerk interessierter Personen aufgebaut. Weiterhin werden der Vernon A. Walters-Award und der Eric-M.-Warburg-Preis verliehen:

Geschichte
Der Verein wurde 1952 vom Hamburger Bankier Eric M. Warburg, der späteren
Chefredakteurin und Herausgeberin der Wochenzeitung Die Zeit Marion Gräfin
Dönhoff, dem späteren Bundeskanzler Helmut Schmidt und anderen Hamburgern
mit Sitz in Bonn gegründet. Anfangs konzentrierte sich der Verein auf die Bildung
von Netzwerken im politischen und wirtschaftlichen Bereich. Später kamen Aus-
tauschprogramme für Studenten, Lehrer, Professoren, junge Führungskräfte,
Journalisten und Militärs hinzu. Im Juli 1999 zog der Verein in das Magnushaus in
Berlin-Mitte um.

Als Ausgangspunkt für die Gründung des Vereins galt der Beginn des sogenannten
Kalten Krieges. Die USA suchten nach Möglichkeiten der Einflussnahme auf
Deutschland. Der Export von US-Ideen wurde durch das New Yorker Council on
Foreign Relations (CFR), eine Denkfabrik der US-Regierung, betrieben. Es dürfte
Ideengeber für die Gründung der Atlantik-Brücke gewesen sein. Der Gründer der
Atlantik-Brücke, Eric M. Warburg, war während und nach dem Zweiten Weltkrieg
Freund und Berater des Hohen Kommissars in Deutschland und CFR-Mitglieds John
J. McCloy. In den USA gründeten sie zusammen 1952 das American Council on
Germany (Mitglieder 2004 unter anderem Richard Holbrooke und Henry Kissinger).
Als Pendant auf deutscher Seite wurde im gleichen Jahr die Atlantik-Brücke ge-
gründet. Zwischen den drei Organisationen herrscht ein reger personeller Aus-
tausch durch Konferenzen, Seminare, Vorträge.

Mitgliedschaft und Mitgliederstruktur
Am 30. Juni 2009 hatte die Atlantik-Brücke 525 Mitglieder.. Die Aufnahme in den
Verein wird durch Wahlentscheidung des Vorstands auf vorhergehenden Vorschlag
erreicht. Aufgenommen werden führende Vertreter des wirtschaftlichen, politischen, kulturellen und wissenschaftlichen Lebens Deutschlands sowie Redakteure
einiger Zeitungen.

Nach eigenen Angaben verteilte sich das Mitgliederprofil im Jahr 2006 wie folgt:
Wirtschaft: 267; Politik: 83; Freie Berufsgruppen: 77; Medien: 44 Wissenschaft:
32; Verbände, Gewerkschaften, Stiftungen: 18

3.6 Bilderberg-Konferenz – Ein streng geheimes Treffen von Wirtschaft und Politik

Die Bilderberg-Konferenzen sind informelle private Treffen von einflussreichen Personen aus Wirtschaft, Militär, Politik, Medien, Gewerkschaften, Hochschulen und Adel. Die meisten Teilnehmer kommen aus NATO-Staaten, seit 1989 nehmen zunehmend Personen aus anderen Staaten an den Konferenzen teil. Die Tagesordnungspunkte (etwa als TOP-Liste) sowie die Teilnehmerlisten werden nach einem Treffen den internationalen Presseagenturen zugänglich gemacht, jedoch nicht oder nur fragmentarisch öffentlich gemacht. Eventuelle Einigungen werden nicht veröffentlicht.

Die Konferenz wurde zum ersten Mal im Mai 1954 im Hotel de Bilderberg in Oosterbeek, Niederlande veranstaltet. Bei der Bilderberg-Gruppe (international auch als Bilderberg-Club bekannt) handelt es sich um keine formelle Organisation, es existieren soweit bekannt weder ein Status der Mitgliedschaft noch ein Gründungsvertrag.

Ursprung
Der Name Bilderberg wurde vom ersten Tagungsort im Mai 1954, dem Hotel Bilderberg in Oosterbeek, Niederlande, übernommen. Dieses erste private Treffen hochgestellter Persönlichkeiten erwuchs aus der Befürchtung, dass Westeuropa und Nordamerika möglicherweise nicht so eng zusammenarbeiten würden, wie es die ernsten Probleme, denen sich die Staaten gegenüber sahen, erforderlich zu machen schienen.

Ablauf
Bilderberg-Konferenzen sind drei Tage andauernde informelle Gespräche. Dabei werden vor allem Probleme der Weltwirtschaft und der internationalen Beziehungen besprochen. Die Gespräche münden nicht in eine Abschlusserklärung und werden auch nicht im Wortlaut veröffentlicht.

Nach jeder Konferenz bekommt jeder Teilnehmer, sowie all diejenigen, die je an einer Bilderberg-Konferenz teilgenommen haben, ein Protokoll des Treffens zugesandt. Diese Protokolle sind keine Wortprotokolle, sondern nur Zusammenfassungen der Besprechungen, in denen Aussagen niemals einem bestimmten Teilnehmer, sondern immer nur dessen Herkunftsland zugeordnet werden. Seit 1963 erhalten die Teilnehmer zusätzlich eine erläuternde Schrift, um das Bild einer solchen Konferenz zu vervollständigen. Diese Papiere sind besonders vertraulich zu behandeln (Offizielle Erklärung). Die Bilderberg-Treffen finden üblicherweise in hochklassigen Hotels statt.

Teilnehmer
Einladungen zu Bilderberg-Konferenzen werden durch den Vorsitzenden und die beiden ehrenamtlichen Generalsekretäre, nach Beratungen und Empfehlungen des Lenkungsausschusses, ausgesprochen. Die Teilnehmer werden nach Bekanntgabe

der offiziellen Organisatoren so ausgewählt, dass eine wohlinformierte, ausgeglichene Diskussion über vorgegebene Tagesordnungspunkte sichergestellt werden kann .

Für gewöhnlich nehmen rund 115 bis 130 Personen teil, wobei eine geographische und funktionelle Unterschiedlichkeit erkennbar wird. Zwei Drittel stammen aus Westeuropa und ein Drittel aus Nordamerika. Etwa ein Drittel der geladenen Teilnehmer kommt aus Regierungen oder politischen Institutionen und zwei Drittel aus Finanzsektor, Industrie, Gewerkschaften, Hochschulen, Adel und Medien. Alle Beteiligten nehmen an den geheimen Konferenzen ausschließlich als Privatpersonen und nicht in ihrer offiziellen Position teil, obgleich ihre Stellung im öffentlichen Leben sehr wohl die entscheidende Rolle bei diesen Kooptationen spielt.

Bilderberg-Konferenzen wurden seit 1954 von etwa 2.500 Personen besucht. Diese kamen aus etwa 28 Staaten und gehörten etwa 15 Internationalen Organisationen an. Seit 1972 nehmen auch Frauen an den Veranstaltungen teil, die aber nicht auf die jeweilige Länderquote angerechnet werden. Allerdings nahm bereits 1969 Prinzessin Beatrix, die heutige Königin der Niederlande, an einer Bilderberg-Konferenz teil.

Als aktivste Teilnehmer gelten Giovanni Agnelli (Fiat) und David Rockefeller (Chase Manhattan Bank), die jeweils bei ca. 20 Bilderberg-Konferenzen anwesend waren und auch der Advisory Group angehörten. Eine starke Stellung auf den Treffen genießt ferner der ehemalige US-Minister Henry Kissinger, der insbesondere auch für die extremen Geheimhaltungsmaßnahmen verantwortlich sein soll. Zu den deutschen Teilnehmern zählt zum Beispiel Jürgen Schrempp. Von Seiten Deutschlands sind im Steering Committee seit den 60er Jahren stets ein Vertreter der Großbank Deutsche Bank (Hilmar Kopper und Josef Ackermann) sowie ein Vertreter der Wochenzeitung Die Zeit (Helmut Schmidt und Christoph Bertram) anwesend.

Konferenzen

Bis Mitte der 60er Jahre waren die Treffen der Bilderberg-Gruppe weltweit weitestgehend unbekannt geblieben. Die jährliche große Konferenz ist das wichtigste Ereignis, das die Bilderberg-Organisatoren veranstalten. Bis 1957 wurden auch zwei Treffen pro Jahr abgehalten, heute nur noch eines. Seit 1954 fanden bis zum Jahr 2009 57 Konferenzen statt. 1960 wurde der Name von „Bilderberg-Gruppe" zu „Bilderberg-Konferenz" geändert. Jede vierte Konferenz findet in Nordamerika statt, um den amerikanischen und kanadischen Teilnehmern entgegenzukommen.

Die letzten Konferenzen fanden in Versailles (2003), Stresa (2004), Rottach-Egern (2005), Ottawa (2006), Istanbul (2007), Chantilly (Virginia) (2008) und Athen (2009) statt.

Bei der Bilderberg-Konferenz 2005 war Angela Merkel zu Gast, im Jahr 2006 der SPÖ-Vorsitzende und spätere österreichische Bundeskanzler Alfred Gusenbauer. Bei der Bilderberg-Konferenz 2007 war Guido Westerwelle von der FDP anwesend, was er auf Nachfrage von Reportern jedoch nicht kommentieren wollte. Auf der offiziellen Internetpräsenz der FDP wurde als Grund für seine Anwesenheit auf der Konferenz die Absicht angegeben, sich über die aktuelle politische Lage der Türkei zu informieren. Im Jahr 2008 war u.a. das Gründungsmitglied des European Council on Foreign Relations Joschka Fischer als deutscher Teilnehmer anwesend.

Bei der Bilderberg-Konferenz 2009 (in Athen) war der amtierende österreichische Bundeskanzler (SPÖ), Werner Faymann, anwesend. Die österreichische Partei BZÖ plant eine parlamentarische Anfrage über Details zu den Inhalten der Konferenz, sowie die Motivation und Finanzierung von Hrn. Faymanns Konferenz-Teilnahme.

Finanzierung
Dieser Artikel oder Abschnitt ist nicht hinreichend mit Belegen (bspw. Einzelnachweisen) ausgestattet. Die fraglichen Angaben werden daher möglicherweise demnächst entfernt. Hilf bitte der Wikipedia, indem du die Angaben recherchierst und gute Belege einfügst. Bitte entferne zuletzt diese Warnmarkierung.

Die Auslagen für die Durchführung der Bilderberg-Konferenzen werden vollständig durch Spenden gedeckt, wenngleich die erste Konferenz indirekt durch den US-Geheimdienst CIA finanziert wurde; die Auslagen setzen sich zusammen aus den Kosten für das Sekretariat sowie die Druckkosten für die nicht-öffentlichen Protokolle der einzelnen Konferenzen.

Die Kosten für die jeweilige Bilderberg-Konferenz werden vom gastgebenden Land getragen, die Anreise von jedem Teilnehmer selbst, ebenso die Verpflegung. Private Stiftungen, welche der Gruppe zur Verfügung gestellt werden, erleichtern die jährlichen Planungen erheblich (Allein die Hotelkosten für die 3-tägige Konferenz in Wiesbaden 1966 beliefen sich auf 150.000.- DM). Allerdings haben sich etliche bundesdeutsche Politiker die ihnen entstandenen Kosten über ihr Landes- bzw. das Bundes-Parlament finanzieren lassen, in einigen Fällen wurden auch Studienreisen inoffiziell angeschlossen und über Steuergelder abgerechnet.

Entstehungsgeschichte
Dieser Artikel oder Abschnitt ist nicht hinreichend mit Belegen (bspw. Einzelnachweisen) ausgestattet. Die fraglichen Angaben werden daher möglicherweise demnächst entfernt. Hilf bitte der Wikipedia, indem du die Angaben recherchierst und gute Belege einfügst. Bitte entferne zuletzt diese Warnmarkierung.
Der Impuls zur Gründung der Bilderberg-Konferenz ging von Józef Retinger aus. Bereits während des Zweiten Weltkrieges hatte Retinger als Berater der polnischen Exilregierung in London Tagungen zwischen Vertretern von Exilregierungen und Außenministern europäischer Staaten organisiert. In diesen Konferenzen, die zwischen Oktober 1942 und August 1944 stattfanden, wurde das Nachkriegs-Zollabkommen zwischen den Benelux-Staaten geboren.

Nach dem Krieg legte Retinger während einer Konferenz im Chatham House seine Position hinsichtlich einer europäischen Einigung dar: „The end of the period during which the white man spread his activities over the whole globe saw the Continent itself undergoing a process of internal disruption."

Zu diesem Zeitpunkt war Retinger Generalsekretär der unter der Leitung des belgischen Premierministers Paul van Zeeland stehenden Economic League for European Cooperation (ELEC), aus der später die Europäische Bewegung hervorging. Bald nach seiner Londoner Rede machte er die Bekanntschaft von W. Averell Harriman, dem amerikanischen Botschafter in Großbritannien, der ihm einen USA-Aufenthalt arrangierte, bei dem Retinger für die Unterstützung der dortigen Regierung für die ELEC werben wollte. Unter anderem nahm Retinger in den USA Kontakt mit Adolf Berle Jr. und John Foster Dulles auf.

In der Folge erhielt die Europäische Bewegung beträchtliche finanzielle Zuwendungen sowohl von Seiten der US-Regierung/CIA als auch aus privaten Quellen über das American Committee for a United Europe (ACUE) und anderen Institutionen. 1952 legte Retinger sein Amt als Generalsekretär der Europäischen Bewegung nieder und begann verstärkt inoffizielle und vertrauliche Zusammenkünfte zwischen europäischen und US-Politikern und Wirtschaftsführern zu fördern. Besonders sollten diese Gespräche die aufkeimenden Spannungen zwischen den europäischen Staaten und den USA beseitigen.

Er konsultierte den ehemaligen belgischen Premierminister Paul van Zeeland, der zu diesem Zeitpunkt Präsident des OEEC war, sowie Paul Rykens, den damaligen Vorsitzenden der Unilever und vormaligen Berater der in London exilierten niederländischen Regierung und entwarf mit ihnen Pläne für eine wiederkehrende Konferenz. Als Vorsitzenden und Symbolfigur für diesen transatlantischen Dialog gewann Retinger Prinz Bernhard der Niederlande.

Die Idee für die neue Gesprächsplattform war es, jeweils zwei Personen aus den bedeutenderen europäischen Staaten zu finden, um so den konservativen und liberalen Blickwinkel offenzulegen. Durch Bernhards Stellung und Retingers Verbindungen waren in kurzer Zeit zehn Personen gefunden:

- *Antoine Pinay (Premierminister/ F)*
- *Panagiotis Pipinelis (früherer Außenminister/ Griechenland)*
- *Alcide de Gasperi (Premierminister/ I)*
- *Colin Gubbins (Generalmajor/ UK)*
- *Hugh Gaitskell (Parlamentsmitglied/ UK)*
- *Pietro Quaroni (Botschafter Italiens in Frankreich)*
- *Ole Bjørn Kraft (Außenminister/ DK)*
- *Guy Mollet (Parlamentsmitglied/ F)*
- *Max Brauer (Bürgermeister Hamburg/ Deutschland)*
- *Rudolf Mueller (Präsident der Wirtschaftspolitischen Gesellschaft (WIPOG)/Rechtsanwalt/ Deutschland)*

Worin die Vorbehalte der europäischen Staaten gegenüber den USA bestanden, wurde auf der ersten Konferenz der europäischen Kerngruppe am 25. September

1952 erörtert. Eine Zusammenfassung sollte den Amerikanern überbracht werden. Auf vertraulichem Wege gelangte das Papier in die Vereinigten Staaten, wo jedoch die Präsidentschaftswahlen des Jahres 1952 in vollem Gange waren. Für die Belange Prinz Bernhards war in dieser hektischen Situation kein Raum, so dass ein erneuter Versuch für die Zeit nach den Wahlen sinnvoll erschien. Aber erneut wurde die Idee zurückgewiesen, ehe sich Bernhard an Bedell Smith wandte. Smith war zu diesem Zeitpunkt Direktor der CIA. Dieser informierte seinerseits C.D. Jackson (Special Assistant to the President) über die Angelegenheit.

In Zusammenarbeit mit John S. Coleman und dem Committee for a National Trade Policy wurde ein Antwortschreiben formuliert. Weitere Personen wurden mit einbezogen, so Joseph E. Johnson (Carnegie Endowment for International Peace), Dean Rusk (Direktor der Rockefeller Foundation) sowie David Rockefeller und H.J. Heinz II.. Dennoch dauerte es noch bis 1954, ehe alle organisatorischen Fragen geregelt werden konnten.

Max Brauer und Rudolf Mueller übernahmen die Aufgabe, für Deutschland sieben Personen für die Teilnahme an der „vertraulichen Tagung" zu benennen. Anfang Mai 1954 wurden die personellen Fragen gelöst. Am Nachmittag des 28. Mai trafen sich die Mitglieder der Gruppe im niederländischen Soestdijk Palace zu letzten abschließenden Besprechungen.

Am folgenden Morgen um 10 Uhr wurde die erste Konferenz im Hotel de Bilderberg durch Prinz Bernhard eröffnet. Auf der Tagungsordnung des Treffens wurden die Standpunkte gegenüber „dem Kommunismus und der Sowjetunion", „den Kolonien und ihren Bevölkerungen", „den Wirtschaftspolitiken und ihren Problemen" sowie „die europäische Integration und die Europäische Verteidigungsgemeinschaft" thematisiert. Es ging dabei nicht um eine „Lösung" der Fragen, sondern um einen Austausch der jeweiligen Standpunkte. Obgleich die Themen für die Tagung vorgegeben waren, kamen die Europäer während der Konferenz doch immer wieder auf die anti-kommunistische Kampagne von Senator Joseph McCarthy zu sprechen. Einige sahen in seinem Eifer die Gefahr, dass die USA sich zu einer Diktatur entwickle, was von den US-Vertretern aber zurückgewiesen wurde.

„Offensichtlich", so Retinger, müssen die Teilnehmer an den jährlich stattfindenden Bilderberg-Konferenzen „einflussreich und allgemein respektiert sein sowie über Spezialwissen oder reichlich Erfahrung" verfügen, um durch ihre „persönlichen Kontakte und ihren Einfluss in nationalen wie internationalen Kreisen den von Bilderberg gesetzten Zielen"' genügen zu können. Die Teilnehmer sollten von großer Offenheit sein, keine offensichtlich nationalen Überzeugungen vertreten und nicht mit Vorurteilen belastet sein, sowie die westlichen kulturellen und ethischen Werte teilen, um so dem Ziel, so viele Personen wie möglich aus den verschiedensten Kreisen zu erreichen, entsprechen zu können. Die Organisatoren achten darauf, parteipolitisches Gleichgewicht zu halten, denn „es kann nicht schaden, wenn Kontroversen auch im Rahmen [...] [dieser] Konferenz polar ausgetragen werden". Für die jeweilige Zusammensetzung jedes Treffens, so Retinger, wird ein

Gleichgewicht angestrebt, welches so gut wie möglich die vorherrschende Meinung des jeweiligen Landes zu den vorgegebenen Themen widerspiegelt.

Das ehemalige Mitglied des Steering Committees, George McGhee, sagte dem Biographen von Prinz Bernhard über die Fähigkeiten der Teilnehmer von geheimen Bilderberg-Konferenzen: „Ich glaube, sie können sagen, dass die Römischen Verträge, welche den Gemeinsamen Markt einleiteten, auf diesen Tagungen geboren wurden."

Prinz Bernhard der Niederlande führte bis zur Aufdeckung seiner Verwicklung in den Lockheed-Bestechungsskandal den Vorsitz. Wie alle Bilderberg-Aktivitäten, wurde auch Bernhards Verstrickung äußerst diskret gehandhabt, so dass das für den 22. bis 25. April 1976 angesetzte Treffen in Hot Springs, Virginia, abgesagt wurde, um der öffentlichen Aufmerksamkeit durch seinen Vorsitz zu entgehen. Prinz Bernhard legte im August desselben Jahres sein Amt nieder. Im April 1977 wurden die informellen Konferenzen, unter Vorsitz von Alec Douglas-Home, wieder aufgenommen und unter mehrfach geändertem Vorsitz, bis zum heutigen Tag fortgeführt.

Man schreibt den Bilderbergern die Verantwortung für eine ganze Reihe einschneidender Ereignisse der Nachkriegsgeschichte zu, wie etwa:

Die Ölkrise 1973, mit der angeblich Währung und Wirtschaft der USA gestützt werden sollten. Die künstliche Verknappung des Rohöls soll auf der Konferenz von 1973 in Saltsjöbaden beschlossen worden sein.
Die Deutsche Wiedervereinigung von 1990; angeblich "beschlossen" auf der Konferenz 1988 in Telfs-Buchen, zu der auch der damalige Kanzler Helmut Kohl eingeladen worden war.

Den Irakkrieg von 2003, der dadurch ermöglicht worden sei, dass die nach den Terroranschlägen vom 11. September 2001 ursprünglich Osama bin Laden geltende Aggression der westlichen Welt gezielt auf den insofern unbeteiligten irakischen Diktator Saddam Hussein umgelenkt wurde.
Für die rechtsextreme amerikanische Zeitschrift The Spotlight war im Mai 1993 die Tatsache, dass von den Treffen der Bilderberger trotz der hohen Prominenz der Teilnehmer nichts veröffentlicht wird, bereits Anlass genug, über ihre Macht auch über die Medien zu spekulieren: „Die Bilderberger sind zu mächtig und zu allgegenwärtig, als dass man öffentlich über sie berichten könnte".

Der belgische Soziologe Geoffrey Geuens von der Université de Liège widmete den Bilderbergern ebenfalls ein Kapitel in einem seiner Bücher. Obwohl Geuens die zwanghafte Geheimhaltung der Bilderberger missbilligt, schließt er sich keiner Verschwörungstheorie an. Er benutzt das Beispiel der Bilderberger, um aufzuzeigen, wie Macht funktioniert und welche engen Beziehungen zwischen Politik, Wirtschaft und den Medien bestehen.

Ron Paul, Kandidat der US-Präsidentschaftswahl 2008, äußerte im Juni 2007 unter anderem gegenüber Alex Jones den Wunsch, dass die Teilnahme von Gouverneur Rick Perry an der Konferenz in Istanbul wegen einer möglichen Verletzung des Logan Acts untersucht werden möge. Dadurch, dass Perry keine Autorisierung zum Beiwohnen eines Bilderbergtreffens durch den US-Kongress, die Regierung oder das amerikanische Volk erhalten habe, sehe er Anzeichen dafür, dass Perry in eine internationale Verschwörung verwickelt sei.

3.7 Project for the New American Century – Welche Denkfabriken die USA lenken

Das Project for the New American Century (PNAC), zu deutsch: Projekt für das neue amerikanische Jahrhundert, war eine US-amerikanische neokonservative Denkfabrik mit Sitz in Washington, D.C.. Es befand sich im selben Gebäude wie das American Enterprise Institute.

Es wurde im Frühjahr 1997 als nicht-kommerzielle Ausbildungsorganisation mit dem Ziel gegründet, für weltweite Führerschaft der Vereinigten Staaten zu werben. Das PNAC wurde im Jahr 2006 aufgelöst. Die 2009 gegründeten Foreign Policy Initiative ist als Nachfolgeorganisation des PNAC zu sehen.

Das PNAC war inner- und außerhalb der USA umstritten. Kritiker argwöhnten, die Denkfabrik verfolge zum Nachteil anderer Staaten rein US-amerikanische Interessen und strebe eine Vorherrschaft der USA in der Weltpolitik an (Pax Americana) – und betreibe dafür umfangreiche Lobby-Arbeit unter Politikern. Das PNAC nannte seine Vorgehensweise, umfangreiche politische Konzepte für Parlamentarier so zu straffen, dass sie in eine Aktentasche passen, brief case test.

Die meisten der Ideen und Mitglieder des PNAC standen mit der politischen Schule des Neokonservativismus in Verbindung. Einer der wichtigsten Protagonisten der Denkfabrik war lange Zeit sein Mitbegründer Richard Perle. Der öffentlichkeitswirksamste Wortführer war daneben der zeitweise in Brüssel lebende Journalist Robert Kagan, der nunmehr auch dem Vorstand der Foreign Policy Initiative angehört. Das PNAC bildete einen Teil eines weitreichenden neokonservativen Netzwerks von Denkfabriken, Medien, Bildungseinrichtungen, Stiftungen und Werbe- bzw. PR-Agenturen.

Das Projekt stellte eine Initiative des New Citizenship Project dar, einer nicht-kommerziellen Organisation gemäß den Bestimmungen von § 501c3 (in welchem festgelegt ist, was die Voraussetzungen für diesen Status sind), die von der Bradley Foundation finanziert wird.

Das PNAC vertrat unter anderem folgende Thesen:
- US-amerikanische Führerschaft ist sowohl gut für die Vereinigten Staaten von Amerika als auch für die ganze Welt.
- Eine solche Führerschaft erfordert militärische Stärke, diplomatische Energie und Hingabe an moralische Prinzipien.
- Eine multipolare Welt hat den Frieden nicht gesichert, sondern stets zu Kriegen geführt.
- Die Regierung der Vereinigten Staaten soll Kapital schlagen aus ihrer technologischen und wirtschaftlichen Überlegenheit, um durch Einsatz aller Mittel - einschließlich militärischer - unangefochtene Überlegenheit zu erreichen.
- Wenn Diplomatie gescheitert sei, seien Militäraktionen ein akzeptables und nötiges Mittel (Carl von Clausewitz). Das PNAC befürwortet die weltweite Errichtung dauerhafter eigener Militärstützpunkte, um die USA weitestgehend unangreifbar zu machen. Als „Weltpolizist" (bzw. „Welt-Ordnungs-Hüter") hätten die Vereinigten Staaten die Macht, in einer chaotischen „hobbesianischen" Welt für die Einhaltung von Recht und Gesetz gemäß den von den USA gesetzten Maßstäben zu sorgen - wenn es sein muss, auch ohne Absprache mit oder Rücksichtnahme auf Verbündete und andere supranationale Organisationen, Verträge und sonstige Rechtsverbindlichkeiten (Unilateralismus). Darin sehen alle Kritiker einen klaren geschichtlichen Rückfall hinter die mühselig errungenen Fortschritte im Völkerrecht seit dem Westfälischen Frieden.

Das PNAC und seine Mitglieder haben schon frühzeitig unter anderem die Kündigung des mit der ehemaligen Sowjetunion geschlossenen ABM-Vertrages gefordert. Das PNAC schlug außerdem vor, „die neuen internationalen Gemeinschaftssphären, Weltraum und virtuelle Welt, zu kontrollieren und den Weg für eine neue Militärgattung – die U.S. Space Forces – mit dem Auftrag, den Weltraum zu kontrollieren, freizumachen".

Im September 2000 publizierte das PNAC einen 80-seitigen Bericht mit dem Titel „Rebuilding America's Defenses: Strategies, Forces, And Resources For A New Century". Diese Forderung zur Fortsetzung des unter Ronald Reagan begonnenen „Star-Wars"-Projekts SDI war Gegenstand zahlreicher Analysen und zog einiges an Kritik auf sich.

Mitglieder der PNAC
Vorsitzender des PNAC war der Publizist William Kristol, Herausgeber des „Weekly Standard" und ehemaliger Herausgeber des Commentary Magazine. Mitglieder waren unter anderem auch Mitglieder der Bush-Regierung:

- *Dick Cheney, Vizepräsident (2001–2009)*
- *Donald Rumsfeld, Verteidigungsminister (1975-1977, 2001-2006)*
- *Paul Wolfowitz, stellvertretender Verteidigungsminister (2001–2005), Weltbank-Direktor (2005–2007)*
- *Richard Armitage, Vize-Außenminister (2001–2005)*
- *Richard Perle, Präsidentenberater (2001–2003)*
- *John R. Bolton, Botschafter bei den Vereinten Nationen (2005–2006)*

- Lewis Libby, Stabschef des Vizepräsidenten (2001–2005)
- William J. Bennett, Direktor der Drogenaufsichtbehörde (1989–1991)
- Zalmay Khalilzad, Botschafter in Afghanistan (2003–2005), im Irak (2005–2007),
bei den Vereinten Nationen (2007–2009)
Zu den weiteren Mitglieder gehörten Jeb Bush, der ehemalige Gouverneur von Florida und Bruder des Ex-Präsidenten George W. Bush, der ehemalige CIA-Direktor James Woolsey sowie der Politologe Francis Fukuyama.

Kritiker des PNAC betrachten diesen Bericht als ein Manifest, das die Grundlinien eines neuen ehrgeizigen Planes zur Etablierung eines neuartigen Imperialismus aufzeigt. Die Geopolitik darin sei offen von der Energiepolitik der USA bestimmt (Erdöl).

Befürworter hingegen argumentieren, dass die darin entwickelten politischen Entwürfe nicht grundsätzlich von dem abwichen, was andere konservative außenpolitische Analysten in den USA schon seit längerem vorschlügen. Einen hegemonialen Führungsanspruch hätten alle Weltmächte. Einige Befürworter begrüßen den zum Ausdruck kommenden Hegemonialanspruch ausdrücklich.

Einen Angriff auf den Irak hatte das PNAC schon länger gefordert (vgl. Irak-Invasionsplan der USA). So heißt es 1998 in einem Brief an den damaligen US-Präsidenten Bill Clinton:
„Wir bitten Sie dringend darum, eine neue Strategie aufzusetzen, die die Interessen der Vereinigten Staaten und ihrer Freunde und Alliierten wahrt. Ziel dieser Strategie sollte vor allem sein, Saddam Husseins Regime von der Macht abzulösen."
("We urge you to [...] enunciate a new strategy that would secure the interests of the U.S. and our friends and allies around the world [...] That strategy should aim, above all, at the removal of Saddam Hussein's regime from power.")

Häufig zitiert wird eine Passage des Manifests, auf Seite 63 des Dokuments "Rebuilding Americas Defenses" unter dem Kapitel "CREATING TOMORROW'S DOMINANT FORCE". Das Zitat steht im Mittelpunkt einer Diskussion über den Einsatz neuentwickelter Waffen- und Informationstechniken durch das Militär. Das Manifest hält den Übergang zu neuen Waffentechnologien, und damit die Rückkehr der USA zu einer hegemonialen Vormachtstellung für einen langsamen Prozess, es sei denn, ein katalysierendes, katastrophales Ereignis träte ein, wie etwa ein neues Pearl Harbor, dass das Militär zu einer dramatischen Beschleunigung des Ausbaus seiner technologisch-strategischen Kapazitäten veranlassen bzw. eine solche rechtfertigen würde.
"Further, the process of transformation, even if it brings revolutionary change, is likely to be a long one, absent some catastrophic and catalyzing event – like a new Pearl Harbor."

Von vielen wird diese Stelle als Indiz gewertet, dass Teile der US-Regierung, und insbesondere der Neokonservativen, in unterschiedlichster Form vorab von den 11. September-Anschlägen informiert waren. Darüber hinaus veröffentlichte das PNAC

am Vortag der Anschläge auch das Dokument „The Phony Defense Budget War",
in dem das aus Sicht des PNAC viel zu niedrige Verteidigungsbudget kritisiert wurde. Ebenso wurde am 10. September 2001 auch noch das Dokument „Disgrace in
Durban" von PNAC herausgegeben. In Folge der Terroranschläge vom 11. September 2001 wurden später die in den Veröffentlichungen des PNAC geforderten
Kriege mit fragwürdigen Begründungen begonnen. Der Investmentbanker John
Lehman ist Mitglied von PNAC, sowie der offiziellen Untersuchungskommission zu
den Anschlägen des 11.Septembers gewesen.

3.8 Howard Hunt - Der skrupellose CIA-Geheimdienstmitarbeiter

Everette Howard Hunt (* 9. Oktober 1918 in East Hamburg, New York; † 23. Januar 2007 in Miami, Florida) war ein US-amerikanischer Nachrichtendienstmitar-
beiter der Central Intelligence Agency und Schriftsteller.

Militärzeit und Wirken als Schriftsteller

Er studierte an der Brown University, die er 1940 mit einem Abschluss verließ. Im
Zweiten Weltkrieg diente er in der US Navy, der US Air Army Force und im Office
of Strategic Services. Während seiner Dienstzeit und nach dem Krieg schrieb er
mehr als 50 Spionageromane, die er unter seinem Namen und unter verschiedenen Pseudonymen veröffentlichte. Darin widmeten sich seine Helden stets dem
Kampf gegen den kommunistischen Terror in der Welt.

Tätigkeiten im Dienste der CIA

Seit der Gründung 1948 bis zum Jahre 1970 arbeitete Hunt für die Central Intelligence Agency (CIA). Hunt bereitete von Mexiko aus die US-Invasion in Guatemala
(Operation PBSUCCESS) und den Sturz Präsident Jacobo Arbenz' vor. Arbenz hatte
1950-1954 umfangreiche Landreformen durchgeführt und brachliegende Länderei-
en der United Fruit Company verstaatlicht.

Als Deputy Director for Plans (DDP) hatte er unter dem Decknamen Eduardo während der Schweinebucht-Invasion Kontakt zu Exilkubanern in Miami. Vor dieser
Invasion hatte Hunt schon den Vorschlag unterbreitet, Fidel Castro zu ermorden.
Dieser Vorschlag wurde abgelehnt, hatte aber immerhin solchen Eindruck hinterlassen, dass US-Präsident John F. Kennedy ihn bei einem Gespräch erwähnte.
Hunt hatte gemeinsam mit dem CIA Agenten David Atlee Phillips das Startsignal
für die Schweinebucht-Invasion verfasst, das vom CIA-Sender Radio Swan in Kuba
ausgestrahlt wurde (Die Nachricht sollte den Anschein erwecken, dass der Sender
Widerstandsgruppen in Kuba aktiviert):
*"Alert! Alert! Look well at the rainbow. The fish will rise very soon. Chico is in the
house. Visit him. The sky is blue. Place notice in the tree. The tree is green and
brown. The letters arrived well. The letters are white. The fish will not take much*

time to rise. The fish is red."

Nachdem die 1400 Exilkubaner von Castros Truppen aufgerieben worden waren, geriet Hunt in Gegensatz zu Kennedy, dem er vorwarf, eine zugesagte Unterstützung durch Kampfbomber verweigert zu haben. Kennedy drohte nach dem Schweinebucht-Fiasko, er werde die CIA „in Tausend Stücke zerschlagen". Hunt wurde deshalb 1963 sogar mit dem Attentat auf John F. Kennedy in Verbindung gebracht. Marita Lorenz, eine Zeugin vor der Warren-Kommission und ehemalige Geliebte Castros, gab an, vor dem Attentat mit CIA-Agenten und Lee Harvey Oswald nach Dallas gefahren, und dabei Hunt begegnet zu sein.

Dienst in der Regierung Nixon
Ab Juli 1971 wurde Howard Hunt im Weißen Haus für die Regierung Nixon tätig. Offiziell arbeitete er dabei im Büro von Nixons Berater Charles Colson, inoffiziell führte er jedoch zusammen mit Gordon Liddy die illegale Organisation der „Klempner". Diese war unmittelbar nach der Publikation der streng geheimen Pentagon-Papiere durch die New York Times und andere Zeitungen ab Juni 1971 zum „Abdichten von Lecks", das heißt Informationen aus Weißem Haus, Ministerien und Behörden, die an die Medien lanciert worden waren, eingerichtet worden. Zu den kriminellen Aktionen, welche die „Klempner" 1971 unter Federführung von Liddy und Hunt organisierten, gehörte ein Einbruch in der Praxis des Psychiaters Lewis J. Fielding in Los Angeles. Dieser betreute Daniel Ellsberg, einen früheren Analysten des Pentagon, der für die Veröffentlichung der Pentagon-Papiere verantwortlich war. Durch seine auf die frühen 1960er Jahre zurück datierenden Kontakte zur exilkubanischen Gemeinde in Miami und Andeutungen auf seine hochstehenden Auftraggeber war es Hunt gelungen, einige Kubaner, die zum Teil über ihre CIA-Vergangenheit Erfahrung mit geheimdienstlichen Aktionen hatten, für die Durchführung dieses Einbruchs zu gewinnen. Man erhoffte sich, belastende Informationen zu finden, die Ellsberg in der Öffentlichkeit diskreditieren konnten, wurde aber nicht fündig.

Die „Klempner"-Truppe wurde Ende 1971 zwar aufgelöst, Liddy und Hunt führten ihre verdeckten Operationen aber weiter. Derweil Hunt bis April 1972 weiter offiziell fürs Weiße Haus arbeitete, wechselte Liddy in die Dienste von Nixons Wiederwahlkomitee. Gemeinsam berieten die beiden ab Dezember 1971 Pläne für eine weitreichende Ausspionierung demokratischer Präsidentschaftskandidaten im anstehenden Wahljahr. Diese unter dem Decknamen „Edelstein" („Gemstone") firmierenden Planspiele wurden schließlich im April 1972 von John N. Mitchell, dem Leiter des Wiederwahlkomitees, abgesegnet. Unmittelbar darauf begannen Liddy und Hunt die Vorbereitungen zum Einbruch in das Hauptquartier der Demokratischen Partei im Washingtoner Watergate-Gebäudekomplex, wo heimlich interne Dokumente abfotografiert und Wanzen zur Überwachung von Räumlichkeiten oder Telefonen gelegt werden sollten. Für den Einbruch engagierten Liddy und Hunt einige derselben Männer, die bereits den Fielding-Einbruch durchgeführt hatten.

Nach der Verhaftung der Einbrecher in der Nacht zum 17. Juni 1972 kamen die Ermittler schnell auf Hunts Spur. Im Notizbuch von Bernard Barker, einem der Einbrecher, fand sich nämlich Hunts Telefonnummer.

In den folgenden Monaten forderte Hunt immer wieder Schweigegeld vom Weißen Haus. Später wurde Hunt zu 33 Monaten Gefängnis wegen Einbruch, Verschwörung und Abhörung verurteilt. Seine letzten Lebensjahre verbrachte er in Florida.

4.0 POLITIK

4.1 Überfall auf den Sender Gleiwitz – Ein fingierter Anschlag startet den 2. Weltkrieg

Überfall auf den Sender Gleiwitz am 31. August 1939 war eine von der SS fingierte Aktion mit dem NS-Tarnnamen Unternehmen Tannenberg. Er ist der bekannteste einer Reihe von Vorfällen, die als propagandistischer Vorwand für den Polenfeldzug dienten und so den Zweiten Weltkrieg auslösten.

Vorgeschichte
Am 22. August 1939 äußerte Adolf Hitler vor seinen versammelten Oberbefehlshabern:
„Die Auslösung des Konfliktes wird durch eine geeignete Propaganda erfolgen. Die Glaubwürdigkeit ist dabei gleichgültig, im Sieg liegt das Recht."

Am 10. August 1939 befahl der Chef des SD Reinhard Heydrich dem SS-Sturmbannführer Alfred Naujocks, einen Anschlag auf die Radiostation bei Gleiwitz in der Nähe der polnischen Grenze vorzutäuschen und es so erscheinen zu lassen, als seien Polen die Angreifer gewesen. Laut Naujocks sagte Heydrich: „Ein tatsächlicher Beweis für polnische Übergriffe ist für die Auslandspresse und für die deutsche Propaganda nötig."

Die Durchführung
Am Abend des 31. August 1939 gegen 20 Uhr drang Naujocks mit fünf oder sechs SS-Leuten in Zivil, polnische Freischärler darstellend, in das Sendegebäude des Senders Gleiwitz ein. Das Personal wurde mit Pistolen bedroht, gefesselt und in einen Kellerraum gesperrt. Der Sender Gleiwitz strahlte kein eigenes Programm aus, sondern übernahm das des Reichssenders Breslau. Daher musste das SS-Kommando, in dem sich nur ein Fernmeldetechniker befand, mit einiger Mühe die Einspeisung des Programms unterbrechen und sich über ein so genanntes Gewittermikrofon, das erst gefunden werden musste, Zugriff auf den Sender verschaffen. Über den Sender wurde schließlich in deutscher und polnischer Sprache ein angeblicher Aufstand der polnischen Minderheit ausgerufen: „Achtung! Achtung! Hier ist Gleiwitz. Der Sender befindet sich in polnischer Hand ... Die Stunde der Freiheit ist gekommen!" Die vorbereitete Rede wurde verlesen. Sie dauerte knapp vier Minuten. Die Sendung endete mit dem Aufruf: „Hoch lebe Polen!"

Die Leiche des Oberschlesiers Franciszek (Franz) Honiok wurde als fingierter Beweis für den scheinbaren polnischen Überfall in der Sendeanlage zurückgelassen. Der bei der Gestapo als polenfreundlich bekannte Honiok war erst am Vortag in einem Nachbardorf von Gleiwitz verhaftet worden, da eine Person als angeblicher Täter benötigt wurde, der man die Tat zugetraut hätte. Die Aktion dauerte nur wenige Minuten, dann verschwanden Naujocks und seine Männer wieder.

Propagandistische Verwertung

Am nächsten Tag erschien in der gesamten deutschen Presse die Meldung vom angeblichen Überfall. Der Völkische Beobachter schrieb unter der Überschrift: „Der unerhörte Bandenüberfall auf den Sender Gleiwitz" „die polnische Meute" habe sich „dazu hinreißen lassen, die Reichsgrenze zu überschreiten, einen deutschen Sender zu überfallen, und die Kriegsfackel an ein Pulverfaß zu legen, dessen Existenz vor der Geschichte die Polen einmal zu verantworten haben werden."

Hitler erwähnte Gleiwitz nicht in seiner im Rundfunk übertragenen Reichstagsrede am Vormittag des 1. Septembers :

„Polen hat heute Nacht zum ersten Mal auf unserem eigenen Territorium auch mit bereits regulären Soldaten geschossen. Seit 5 Uhr 45 wird jetzt zurückgeschossen. Und von jetzt ab wird Bombe mit Bombe vergolten."

Das Auswärtige Amt veröffentlichte später eine Liste von amtlichen Meldungen über mehrere Dutzend schwere Grenzzwischenfälle mit Toten an der deutsch-polnischen Grenze seit dem 25. August 1939. Von elf Einträgen zum 31. August (inkl. Morgen des 1.9.) beziehen sich zwei auf Vorfälle bei Gleiwitz:

„2. Meldung des Hauptzollamts Gleiwitz. Gegen 2 Uhr erfolgte von polnischer Seite ein Feuerüberfall auf die das Zollamt Neubersteich sichernde deutsche Grenzwache. Ein Angriff der Polen auf das Zollamt wurde durch deutsches Abwehrfeuer verhindert."

„4. Meldung des Polizeipräsidenten Gleiwitz. Gegen 20 Uhr wurde der Sender Gleiwitz durch einen Trupp polnischer Aufständischer überfallen und vorübergehend besetzt. Die Aufständischen wurden durch deutsche Grenzpolizeibeamte vertrieben. Bei der Abwehr wurde ein Aufständischer tödlich verletzt."

Da zum Sender Gleiwitz 20 Uhr bzw. polnische Aufständische angegeben sind, kann sich die Hitler-Rede mit heute Nacht bzw. regulären Soldaten kaum auf die Meldung 4 beziehen, sondern eher auf die Meldungen 7 und 8 der Staatspolizeistelle Liegnitz, in denen der Tod von deutschen Zollbeamten polnischen Truppen zur Last gelegt wird.

Die häufig zu lesende Angabe, die beteiligten SS-Angehörigen hätten polnische Uniformen getragen, ist umstritten. Zwar hatte die SS im Vorfeld der Aktion polnische Armeeuniformen von der Abwehr besorgt, diese kamen jedoch bei einer der beiden anderen in derselben Nacht direkt an der polnischen Grenze stattfindenden Inszenierungen zum Einsatz: Neben einem weiteren „Überfall" am späten Abend auf ein Forsthaus im Grenzland der Kleinstadt Pitschen durch „polnische Freischärler" wurde gegen 4 Uhr morgens ein Feuergefecht zwischen deutscher Grenzpolizei und polnischen Truppen am Zollhaus in Hochlinden bzw. „Hoflinden" vorgetäuscht. Laut Aussage des US-amerikanischen Hilfsanklägers Major Warren F. Farr am 20. Dezember 1945 trugen die SS-Angehörigen sehr wohl polnische Uniformen. Dabei stützt er sich auf die Aussagen des Leiters der deutschen Sabotageabteilung des

Amtes Ausland/Abwehr Erwin von Lahousen.

4.2 Reichskonkordat – Ein Vertrag zwischen Hitler und dem Vatikan

Als Reichskonkordat wird der am 20. Juli 1933 zwischen dem Heiligen Stuhl und dem Deutschen Reich geschlossenen Staatskirchenvertrag bezeichnet. In ihm wurde das Verhältnis zwischen dem Deutschen Reich und der römisch-katholischen Kirche geregelt. Es wird auch heute noch für die Bundesrepublik Deutschland als gültig betrachtet.

Vorgeschichte

Die Folgen des Kulturkampfes in Preußen, der Sturz der meisten europäischen Monarchien in Folge des Ersten Weltkriegs 1918, die staatliche Neuordnung Europas nach den Pariser Vorortverträgen sowie die Wiedererlangung der staatlichen Souveränität des Vatikans durch die Lateranverträge machten es für die Katholische Kirche notwendig, ihre internationalen Beziehungen neu zu regeln. Die erstmalige umfassende Kodifizierung des lateinischen Kirchenrechts im Codex Iuris Canonici (CIC) von 1917 war ein weiterer Beweggrund, die äußeren Rechtsbeziehungen durch Konkordate mit dem CIC in Beziehung zu setzen. Unter Papst Pius XI. und dessen Kardinalstaatssekretär Pietro Gasparri wurden zahlreiche Konkordate geschlossen, unter anderem mit Lettland 1922, Portugal 1928, Italien 1929 und Österreich 1933.

Nachdem frühere Vereinbarungen über das Verhältnis von Staat und Kirchen im Deutschen Reich durch die Novemberrevolution und die Weimarer Reichsverfassung (WRV) an Geltung verloren hatten, bemühten sich sowohl der Heilige Stuhl als auch Politiker der katholischen Zentrumspartei in den 1920er Jahren wiederholt um den Abschluss eines neuen Konkordats zwischen dem Heiligen Stuhl und dem Deutschen Reich.

Der Apostolische Nuntius im Deutschen Reich, Eugenio Pacelli (der spätere Papst Pius XII.), konnte auf Länderebene Konkordate mit Bayern (1924), Preußen (1929) und Baden (1932) schließen. Auf der Reichsebene scheiterten die Verhandlungen jedoch aus verschiedenen Gründen: Mit den instabilen Reichsregierungen der Weimarer Republik waren einerseits nur schwer längere Verhandlungen zu führen, andererseits weigerten sich alle Regierungen konstant, in der Frage der Konfessionsschulen, des Religionsunterrichts, der Anerkennung ausschließlich kirchlicher Trauungen „in Fällen sittlichen Notstandes" und der finanziellen Leistungen des Staates an die Kirche nach Artikel 138 der WRV den Forderungen der Kurie entgegenzukommen.

Verhandlungen und Abschluss 1933

Schon bald nach der sogenannten Machtergreifung durch die Nationalsozialisten unter Adolf Hitler wurden die Verhandlungen über ein Reichskonkordat wieder aufgenommen. Dass dabei die Initiative von Seiten der deutschen Regierung ausging, ist historisch gesichert. Zweifel bestehen hingegen über den Zeitpunkt der neuerlichen Kontaktaufnahme. Heinrich Brüning berichtet in seinen Memoiren, Hitler und Vizekanzler Franz von Papen hätten bereits Anfang März 1933 dem damaligen Vorsitzenden der Zentrumspartei, Ludwig Kaas, den schnellen Abschluss eines Reichskonkordats angeboten, sollte das Zentrum dem Ermächtigungsgesetz zustimmen.

Die historische Forschung zieht diese Aussagen allerdings vielfach in Zweifel, da Brünings Memoiren aus der Zeit nach seiner Kanzlerschaft mehrmals vom Versuch persönlicher Rechtfertigungen bestimmt sind und sein Verhältnis zu Kaas zusätzlich seit dem Herbst 1931 als schwer zerrüttet gilt. Als Indiz für Brünings Darstellung kann die „Kundgebung der deutschen Bischöfe" vom 28. März 1933 herangezogen werden, in der das Episkopat die bisher geltenden Warnungen vor der NSDAP relativierte. Dies kann einerseits als Bemühen gedeutet werden, anstehende Konkordatsverhandlungen nicht zu gefährden, andererseits aber auch als bloße Annahme des „unerwarteten Friedensangebotes", das Hitler in seiner Regierungserklärung vom 23. März 1933, in der er den Kirchen ihre Rechte garantiert und das Christentum als „unerschütterliches Fundament des sittlichen und moralischen Lebens unseres Volkes" bezeichnet hatte, den Kirchen gemacht hatte.

Die Verhandlungen

Franz von Papen gab am 2. April 1933 öffentlich bekannt, dass die Reichsregierung den Abschluss eines Konkordats anstrebe. Später (auch schon vor 1945) wies von Papen stets darauf hin, dass dabei die Initiative innerhalb der Reichsregierung von ihm ausgegangen sei. Die Glaubwürdigkeit auch dieser Behauptung ist in der Forschung umstritten, jedoch hat der Heilige Stuhl nach Abschluss des Konkordats 1933 wiederholt unwidersprochen darauf hingewiesen, dass die Initiative auf jeden Fall aus den Reihen der Reichsregierung gekommen sei, ob nun durch von Papen oder ein anderes Mitglied ist nicht geklärt.

Hitler hatte großes Interesse am Abschluss eines Konkordats. Er hoffte, ähnlich den Bestimmungen des italienischen Konkordats von 1929, dadurch den Klerus von parteipolitischer Betätigung fernhalten zu können und über kurz oder lang auch die politische Vertretung der Katholiken im Reich, die Zentrumspartei, ausschalten zu können, wenn sich der Nationalsozialismus als kirchenfreundlich zeige und dadurch verstärkt ins katholische Wählerreservoir eindringen könne.

Die erste Verhandlungsrunde tagte Ostern 1933 im Vatikan. Der neue Kardinalstaatssekretär Eugenio Pacelli bot dem deutschen Delegationsleiter von Papen an, im Einklang mit den Bestimmungen des CIC, can. 139 die politischen Betätigungsmöglichkeiten des Klerus so weit einzuschränken, dass sie de facto nur mehr mit einer päpstlichen Dispens möglich gewesen wäre, auf deren Gewährung der Heilige Stuhl weitgehend verzichten wollte. Im Gegenzug sollte das Deutsche

Reich der Kirche in der Frage der Bekenntnisschulen und des Religionsunterrichts weit entgegenkommen.

Dieses Angebot ging jedoch Hitler nicht weit genug. Er wollte ein generell festgeschriebenes Verbot politischer Betätigung für Kleriker durchsetzen und war dafür bereit, die schulpolitischen Forderungen Pacellis weitgehend zu akzeptieren. Aber auch die deutschen Bischöfe intervenierten gegen den vollkommenen Rückzug der Pfarrer aus der politischen Öffentlichkeit und wollten zusätzlich den Schutz der katholischen Verbände berücksichtigt wissen.

Nach offenem Straßenterror der SA gegen den in München stattfindenden Gesellentag des Kolpingwerks am 11. Juni 1933 erschien vor allem die letzte Forderung vordringlich. Die Bischöfe glaubten, nur noch durch die Garantie der katholischen Verbände in einem Konkordat den Verbandskatholizismus vor der Gleichschaltung retten zu können.

An der entscheidenden zweiten Verhandlungsrunde vom 6. bis 8. Juli in Rom nahmen für die katholische Seite neben Pacelli Alfredo Ottaviani, Giovanni Battista Montini, der Freiburger Erzbischof Conrad Gröber als Beauftragter der deutschen Bischöfe und Ludwig Kaas als Vertreter des politischen Katholizismus teil. Auf deutscher Seite waren neben von Papen Dr. Klee, Botschaftsrat der deutschen Botschaft am Heiligen Stuhl, und der Ministerialdirektor im Innenministerium Rudolf Buttmann vertreten.

Der Vertragsabschluss
Von links nach rechts: Prälat Ludwig Kaas, Vizekanzler Franz von Papen, Unterstaatssekretär Giuseppe Pizzardo, Kardinal Staatssekretär Eugenio Pacelli und Ministerialdirektor Rudolf Buttmann während des Unterzeichnungsaktes (zwischen Pacelli und Buttmann stehend: Substitut Alfredo Ottaviani), Aufnahme aus dem BundesarchivDie zweite Verhandlungsrunde erarbeitete bis zum 1. Juli den später dann auch beschlossenen Vertragstext. Die deutschen Bischöfe rieten Pacelli zur Annahme, da sie vermutlich fürchteten, die deutschen Katholiken und die katholischen Verbände könnten bei einem Scheitern des Konkordatsabschlusses noch härteren Repressionen unterliegen.

Von Papen holte am 2. Juli Hitlers Zustimmung zum Entwurf ein. Nach der erzwungenen Selbstauflösung von Bayerischer Volkspartei und Zentrumspartei am 4. bzw. 5. Juli entfiel für den Heiligen Stuhl auch eine Rücksichtnahme auf den politischen Katholizismus und so folgte am 8. Juli die Paraphierung durch die Verhandlungspartner.

Noch am selben Tag hob Hitler in einer Verordnung alle Zwangsmaßnahmen gegen katholische Organisationen und Geistliche auf und bestätigte so die Hoffnungen, die die katholische Seite in das Konkordat gesetzt hatte.

Am 20. Juli wurde das Reichskonkordat im Vatikan feierlich von Pacelli und von
von Papen unterzeichnet, die Ratifizierung durch das Deutsche Reich erfolgte am
10. September 1933.

Form des Vertrags

Das Konkordat besteht aus drei Teilen.
Die ausgehandelten Ergebnisse werden in 34 Artikeln festgeschrieben.
Ein Zusatzprotokoll enthält nähere Bestimmungen zu 13 Artikeln.
Ein Anhang regelt die Befreiung der Kleriker vom Militärdienst für den Fall der Ein-
führung einer allgemeinen Wehrpflicht. Dieser Anhang blieb zunächst geheim, weil
der Versailler Vertrag dem Reich die allgemeine Wehrpflicht verboten hatte.
Ein vierter Teil sollte die gemäß Artikel 31 geschützten katholischen Organisatio-
nen aufzählen und erst später unterzeichnet werden. Dazu kam es aber nicht
mehr.
Inhalt des Vertrags
Die wesentlichen Vereinbarungen des Konkordats sind:

- *Freiheit des Bekenntnisses und der öffentlichen Ausübung der katholischen Religion (Artikel 1)*
- *Fortbestand des Bayerischen Konkordats von 1924, des Preußischen Konkordats
von 1929 und des Badischen Konkordats von 1932 (Artikel 2)*
- *Ein Botschafter des Deutschen Reiches wird beim Heiligen Stuhl residieren, ein
päpstlicher Gesandter in der Hauptstadt des Reiches (Artikel 3).*
- *freie Korrespondenz zwischen dem Heiligen Stuhl und allen deutschen Katholiken
(Artikel 4)*
- *Geistliche erhalten den gleichen Schutz des Staates wie Staatsbeamte (Artikel 5)*
- *keine Zwangsvollstreckung in das Amtseinkommen der Geistlichen (Artikel 8)*
- *Schutz des Beichtgeheimnisses (Artikel 9)*
- *Geistliche Kleidung darf nur von Geistlichen getragen werden. Strafen wie beim
Missbrauch militärischer Uniformen (Artikel 10)*
- *Kirchengemeinden und andere Kirchenorganisationen sind Körperschaften des
öffentlichen Rechts (Artikel 13)*
- *Recht der Kirchen auf Erhebung von Kirchensteuern (Schlussprotokoll zu Artikel
13)*
- *Recht der Kirche zur freien Besetzung ihrer Ämter, aber staatliches Vetorecht
(Politische Klausel) für neu ernannte Bischöfe (Artikel 14)*
- *Treueeid der Bischöfe: „Vor Gott und auf die Heiligen Evangelien schwöre und
verspreche ich, so wie es einem Bischof geziemt, dem Deutschen Reich und dem
Lande … Treue. Ich schwöre und verspreche, die verfassungsmäßig gebildete Re-
gierung zu achten und von meinem Klerus achten zu lassen …" (Artikel 16)*
- *Staatsleistungen an die Kirche können nur „im freundschaftlichen Einverneh-
men" abgeschafft werden. (Artikel 18)*
- *Garantie der katholisch-theologischen Fakultäten. (Artikel 19)*
- *Katholischer Religionsunterricht ist ordentliches Lehrfach. (Artikel 21)*
- *Katholische Religionslehrer dürfen nur mit Zustimmung des Bischofs eingestellt
werden. (Artikel 22)*
- *Beibehaltung und Neueinrichtung katholischer Bekenntnisschulen (Artikel 23)*

- Erlaubnis zur kirchlichen Trauung vor der Ziviltrauung in Todesgefahr und „Fällen sittlichen Notstandes" (Artikel 26)
- Garantie der Militärseelsorge, die allerdings exemt ist (Artikel 27)
- Verpflichtung des Klerus, „für das Wohlergehen des Deutschen Reiches und Volkes" zu beten (Artikel 30)
- Katholische Vereinigungen dürfen nur innerhalb staatlicher Verbände tätig werden, außerhalb davon nur für rein religiöse, rein kulturelle und karitative Aufgaben. Welche Verbände das sind, wird später vereinbart. Staatliche Verbände werden religiöses Verhalten nicht behindern. (Artikel 31)
- Keine Mitgliedschaft oder Tätigkeit von Geistlichen und Ordensleuten in politischen Parteien (Artikel 32)
- Das Reich wird für nicht-katholische Konfessionen gleichartige Regelungen treffen (Schlussprotokoll zu Artikel 32)

Folgen des Konkordats

Durch den Konkordatsabschluss mit dem Heiligen Stuhl war es den Nationalsozialisten gelungen, viele ihrer Kritiker aus dem politischen Katholizismus vorläufig ruhigzustellen und das verbreitete Misstrauen von Teilen der katholischen Bevölkerung gegen den von ihnen als unchristlich und kirchenfeindlich angesehenen Nationalsozialismus abzuschwächen.

Aus dem Lager überzeugter Nationalsozialisten gab es umgekehrt schon kurz nach Konkordatsabschluss nicht wenige Stimmen, die in dem Vertrag ein inakzeptables Zugeständnis der Regierungsseite erblickten und in den Folgejahren massiv die einseitige Aufkündigung durch den Staat einforderten, so z. B. Joseph Roth (1897–1941) aus dem Reichskirchenministerium. Ihre Strategie wäre möglicherweise ans Ziel gelangt, wenn Hitler nicht seit Kriegsbeginn offene Auseinandersetzungen mit der Kirche hätte vermeiden wollen.

Einmalig dürfte das ausführliche Geheimgutachten des an der Staatlichen Akademie Braunsberg Kirchenrecht lehrenden katholischen Priesters Hans Barion (1899–1973) zum Reichskonkordat sein, das dieser noch im Sommer 1933 für Berliner Ministerialkreise verfasste und das erst kürzlich wiederentdeckt wurde (veröff. in: Thomas Marschler, Kirchenrecht im Bannkreis Carl Schmitts. Hans Barion vor und nach 1945, Bonn 2004). Der nationalsozialistisch positionierte Theologe versucht darin nicht nur, das Konkordat als eminente Niederlage des Staates gegenüber dem „politischen Katholizismus" der römischen Kurie darzustellen, sondern legt auch subtile Vorschläge zu einer möglichst staatsfreundlichen Auslegungspraxis vor.

Insgesamt wird allerdings das Konkordat nicht nur innenpolitisch, sondern auch international zumeist als ein nicht zu unterschätzender Prestigegewinn für Hitler beurteilt. Zwar war dem Deutschen Reich nach der sogenannten Machtergreifung bereits vor Abschluss des Konkordats die Verlängerung des Berliner Vertrages mit der UdSSR und der Neuabschluss des Viererpakts gelungen, das Konkordat stellte aber dennoch den bis dahin größten – auch als Form der moralischen Anerkennung hoch anzusiedelnden – Erfolg der nationalsozialistischen Außenpolitik dar.

Die katholischen Verbände erhielten durch das Konkordat eine Atempause, da die Repressionen ihnen gegenüber tatsächlich kurzfristig abflauten. Auch wenn der Kampf der Nationalsozialisten gegen den Verbandskatholizismus schon wenige Wochen nach dem Konkordatsabschluss wieder aufgenommen wurde, schützen die Vereinbarungen des Artikel 31 die Verbände jedoch insofern, als sie zwar durch Druck des Regimes beständig in ihrer Mitgliederzahl schrumpften, jedoch bis zum Ende des Regimes einer vollkommenen Gleichschaltung entgingen und organisatorisch Reste von Eigenständigkeit bewahren konnten. Voraussetzung für die Weiterexistenz war freilich die politische Enthaltsamkeit der Verbände. Tatsächlich zogen sich etwa die großen sozialen Organisationen verstärkt in den Binnenraum der Kirche zurück. Nicht unter das Konkordat fielen die offiziell überkonfessionellen, aber katholisch geprägten Christlichen Gewerkschaften, die dann auch im Frühjahr 1933 aufgelöst wurden.

Das Abrücken des Vatikans vom politischen Katholizismus führte noch vor der Unterzeichnung des Konkordats zum Ende der katholischen Parteien Zentrum und BVP. Das zusätzliche Verbot für den Klerus, sich in Parteien zu engagieren (Artikel 32), nahm dem politischen Katholizismus auch diese letzte Möglichkeit, sich zu äußern. Jedoch schützte es die Pfarrer und Geistlichen vor einer Mitarbeit in der NSDAP und wirkte auch hier als Mittel, der Gleichschaltung der Katholischen Kirche zu entgehen, eine Folge, die das NS-Regime sicher so nicht beabsichtigt hatte.

Historisch umstritten ist bis heute, wie das Konkordat und seine Folgen im Rückblick politisch zu bewerten sind. Es werden alle Positionen vertreten zwischen ausdrücklicher Kritik und dezidiert positiver Bewertung, je nachdem wie das wirkliche Ausmaß der internationalen und innenpolitischen Wirkung und der Handlungsspielraum der Beteiligten eingeschätzt wird. Teilweise spielt in der Beurteilung der weltanschauliche Standpunkt eine Rolle.

Nachkonkordatszeit
Erst als die Nationalsozialisten immer mehr Teile der Konkordatsvereinbarungen brachen oder schlicht ignorierten, kam es im deutschen Episkopat zu offener Kritik. Zuvor hatten die Bischöfe weitgehend geschwiegen und auf Interventionen zugunsten bedrohter katholischer Verbände und Tageszeitungen verzichtet, vielfach mit der Begründung, die Lage der Katholiken nicht noch durch öffentliche Gegnerschaft der Bischöfe zu Hitler zu verschlimmern. Es gab aber auch Oberhirten wie den Freiburger Erzbischof Gröber, die mit der nationalsozialistischen Politik sympathisierten und von daher die Repressionen gegen katholische Vereine und Tageszeitungen lediglich für „Auswüchse untergeordneter Parteistellen" hielten. Seit Ende 1935 gab es heftige Auseinandersetzungen zwischen Teilen der katholischen Kirche und der Regierung Hitler um das Schulwesen, die Orden und die Verfolgung Geistlicher in den Devisen- und Sittlichkeitsprozessen. Die Kritik an der NS-Kirchenpolitik gipfelte schließlich in der Enzyklika Mit brennender Sorge (1937) von Papst Pius XI.. Darin warf Pius den Nationalsozialisten vor, dass „Vertragsumdeutung, die Vertragsumgehung, die Vertragsaushöhlung, schließlich die mehr oder minder öffentliche Vertragsverletzung zum ungeschriebenen Gesetz des Handelns gemacht wurden". Der Protest blieb allerdings weitgehend wirkungslos.

Fortdauer des Vertrags nach 1945

Nach dem Zweiten Weltkrieg war zunächst umstritten, ob das Reichskonkordat weiterhin Bestand habe. Bei den Vorberatungen zu Artikel 7 des Grundgesetzes wurden wiederholt Anträge gestellt, um Regelungen des Reichskonkordats in das Grundgesetz zu übernehmen. Die Anträge drangen jedoch nicht durch, und der Begriff des katholischen Religionsunterrichts, welcher im Reichskonkordat betont wird, wurde im Grundgesetz nicht verwendet. Als das Land Niedersachsen ein neues Schulgesetz erließ, das im Widerspruch zu den Vereinbarungen des Reichskonkordats stand, kam es zu Meinungsverschiedenheiten zwischen Niedersachsen und der Bundesregierung. Die Bundesregierung rief deshalb im März 1955 das Bundesverfassungsgericht an.

Das Konkordatsurteil des Bundesverfassungsgerichts

Auf Beanstandung des Apostolischen Nuntius beantragte die Bundesregierung, das Bundesverfassungsgericht möge feststellen, dass das Reichskonkordat vom 20. Juli 1933 in der Bundesrepublik Deutschland unverändert fortgeltendes Recht sei und dass das Land Niedersachsen durch Erlass der §§ 2, 3, 5, 6, 8, 9, 10, 11, 12, 13, 14 und 15 des Gesetzes über das öffentliche Schulwesen in Niedersachsen vom 14. September 1954 gegen das in Bundesrecht transformierte Reichskonkordat verstoßen und damit das Recht des Bundes auf Respektierung der für ihn verbindlichen internationalen Verträge verletzt habe. Die Regierung des Landes Niedersachsen beantragte, den Antrag der Bundesregierung abzuweisen. Die Landesregierungen von Bremen und Hessen traten dem Verfahren bei und beantragten die Anträge der Bundesregierung zurückzuweisen.

Die Akten des Auswärtigen Amts und der Reichskanzlei bezüglich des Konkordats wurden auf Anordnung des Gerichts vorgelegt. Vom 4. bis 8. Juni 1956 wurde mündlich verhandelt. Das Land Hessen stellte einen Beweisantrag, woraufhin das Gericht der Bundesregierung aufgab, ihren gesamten Schriftwechsel mit dem Heiligen Stuhl bezüglich des Reichskonkordats vorzulegen.

Im daraufhin erlassenen Konkordatsurteil vom 26. März 1957 stellte das Bundesverfassungsgericht fest, es könne als nationales Gericht nicht die völkerrechtliche Wirksamkeit zwischen den Vertragsparteien (Außenverhältnis) entscheiden. Es könne aber die innerstaatliche Wirksamkeit am Maßstab des Grundgesetzes messen. Das Reichskonkordat sei gültig zustande gekommen, die Bekanntmachung im Reichsgesetzblatt durch Reichskanzler Adolf Hitler, Reichsminister des Auswärtigen Freiherr von Neurath und Reichsminister des Innern Frick geschah am 12. September 1933.

Dabei stellte das Gericht zunächst fest, dass die Bundesrepublik Deutschland völkerrechtlich identisch mit dem Deutschen Reich ist (vgl. Rechtslage des Deutschen Reiches nach 1945). Da ungeachtet der massiven Vertragsverletzungen seitens des nationalsozialistisch regierten Deutschlands das Konkordat nie gekündigt worden sei, sondern vielmehr diese Verletzungen gerügt wurden, bestehe das Konkordat nach wie vor fort und binde die Bundesrepublik. Unschädlich sei, dass es auf Grundlage des nationalsozialistischen Ermächtigungsgesetzes abgeschlossen

wurde und damit nicht im Verfahren zustande kam, das die Weimarer Reichsver-
fassung vorsah. Die nationalsozialistische Gewaltherrschaft habe sich zu diesem
Zeitpunkt bereits faktisch durchgesetzt; wie bei anderem vorkonstitutionellem
Recht sei die Art des Zustandekommens daher unschädlich.

Weil das Grundgesetz die Gesetzgebungskompetenz für das Schulrecht ausschließlich den Ländern zuweise, seien die Regelungen des Reichskonkordats insoweit
Landesrecht geworden. Es frage sich also, ob die Länder bundesrechtlich gehindert
seien, diese landesrechtlichen Regelungen im Widerspruch zu den völkerrechtli-
chen Bindungen zu ändern.

Art. 123 Abs. 2 GG, welcher die vom Deutschen Reich abgeschlossenen Staatsver-
träge beinhalte, sei in Hinblick auf das Reichskonkordat geschaffen worden. Der
Verfassungsgeber habe seine Verbindlichkeit nicht anerkannt; er habe sie aber
auch nicht abgelehnt. Das Fortgelten des Reichskonkordats sei offengeblieben,
weil seine Gültigkeit und Verbindlichkeit bezweifelt worden waren, und weil es den
Beteiligten vorbehalten bleiben sollte, Rechte und Einwendungen gegen den Ver-
tragsinhalt geltend zu machen.

Das Grundgesetz habe vielmehr – im Gegensatz zur Weimarer Reichsverfassung –
das Schulrecht ganz bewusst ausschließlich den Ländern zugewiesen. Art. 7 GG
und Art. 141 GG (die sog. Bremer Klausel) zählten nach Willen des Parlamentarischen Rates die bundesrechtlichen Bindungen abschließend auf. Das ergebe sich
schon daraus, dass die „Bremer Klausel" gegen das Reichskonkordat verstoße und
daher nicht gleichzeitig die Länder auf dessen Einhaltung verpflichten könne. Folg-
lich seien die Länder jedenfalls nicht dem Bund gegenüber verpflichtet, die Schul-
bestimmungen des Konkordats einzuhalten. Daher wurde der Antrag der Bundesregierung mit der Entscheidungsformel:
„Der Antrag der Bundesregierung wird zurückgewiesen." abgelehnt.

Zusammenfassung der Rechtslage und Kritik
Zusammenfassend stellt sich die Rechtslage also so dar, dass zwar völkerrechtlich
das Reichskonkordat Bund und Länder bindet. Das Grundgesetz hat aber – insoweit im Widerspruch zum Völkerrecht – den Ländern Möglichkeiten gegeben, von
diesen Regelungen abzuweichen. Tun sie das, handeln sie möglicherweise völker-
rechtswidrig, doch kann der Bund dies nicht verhindern. Nach innerstaatlichem
Recht sind die Länder hierzu sogar verpflichtet, wenn Bestimmungen des Reichskonkordats im Widerspruch zu nationalem Verfassungsrecht stehen. Mitunter wird
das Reichskonkordat als einziges heute noch gültiges außenpolitisches Abkommen
aus der Zeit des nationalsozialistischen Deutschen Reiches bezeichnet, was aber
angesichts anderer völkerrechtlicher Verträge aus dieser Zeit zweifelhaft ist.. Es
gelten jedenfalls auch zahlreiche noch ältere Abkommen fort.

Neben den Umständen des Zustandekommens des Konkordats wird von Kritikern
vor allem vorgebracht, das Konkordat unterlaufe die Trennung von Staat und Kirche. Artikel 18 des Konkordats schreibe staatliche Leistungen an die katholische
Kirche fort und stehe damit im Widerspruch zum Artikel 138 der Weimarer Verfas-

sung, der über Artikel 140 des Grundgesetzes weiterbesteht und fordert, dass die „auf Gesetz, Vertrag oder besonderen Rechtstiteln beruhenden Staatsleistungen an die Religionsgesellschaften durch die Landesgesetzgebung" abzulösen seien, was in den mehr als 90 Jahren, die seit Verkündung der Weimarer Verfassung verstrichen sind, nicht geschehen ist. Dem wird allerdings von anderer Seite entgegen gehalten, dass die staatlichen Leistungen abzulösen nicht bedeute, sie ersatzlos entfallen zu lassen, sondern ihre Höhe auf neuer Rechtsgrundlage zu regeln.

4.3 Operation Northwoods – Die USA startete einen Pyschokrieg gegen Kuba

Operation Northwoods war ein US-amerikanischer Geheimplan, der 1962 vom Generalstab des Pentagon verfasst und am 13. März 1962 Präsident John F. Kennedy vorgelegt wurde. Neben Operation Mongoose sah dieser Plan vor, die verdeckte Kriegsführung der USA gegenüber Kuba weiter auszubauen. Durch inszenierte Terroranschläge gegen den zivilen Luft- und Schifffahrtsverkehr innerhalb der USA, für die man im Nachhinein Fidel Castro verantwortlich machen wollte, sollte ein Vorwand zur Invasion Kubas geschaffen werden. Im Gegensatz zu Mongoose wurde Northwoods jedoch nicht umgesetzt, weil Kennedy seine Zustimmung verweigerte. Die Planungen wurden bereits unter Präsident Eisenhower vorgenommen. Unterzeichnet war das Dokument von allen Mitgliedern der Vereinigten Stabschefs, Lyman L. Lemnitzer, dem Vorsitzenden und späteren Oberkommandeur der NATO in Europa, sowie von Brigadier General William Craig. Nach über dreißigjähriger Geheimhaltung kam er 1997/98 durch den Freedom of Information Act an die Öffentlichkeit.

Anlass
Mit dem Scheitern der Invasion auf die Schweinebucht in Kuba und der offensichtlich gewordenen Beteiligung von CIA-Agenten im Zusammenhang mit einer organisierten Armee aus Exilkubanern, suchte die US-Regierung unter Kennedy nach subtileren Operationsmöglichkeiten gegen Kuba. Northwoods galt als ein Entwurf, der die Weltöffentlichkeit von der Gefährlichkeit des Castro-Regimes überzeugen sollte.

Inhalt des Dokuments
Das Dokument wurde mit der Absicht verfasst, eine allgemeine Zustimmung und Unterstützung für eine militärische Invasion von Kuba zu gewinnen. Die Stabschefs gingen davon aus, dass die US-Bevölkerung einen Militärangriff auf Kuba nur dann unterstützen würde, wenn dem Angriff bedrohliche und aggressive Aktionen der Inselnation gegen amerikanische Soldaten, Zivilisten, Kubaflüchtlinge oder Exilkubaner vorausgegangen wären. James Bamford kommentiert kurz nach Veröffentlichung der Dokumente den Inhalt wie folgt:

„Geheimen und lange unter Verschluss gehaltenen Dokumenten zufolge [...] machte und verabschiedete der Vereinigte Generalstab Pläne, die vielleicht die schlimmsten waren, die je von einer US-amerikanischen Regierungsinstanz produziert worden sind. Im Namen des Antikommunismus schlugen die Militärs einen geheimen und blutigen Terrorkrieg gegen ihr eigenes Land vor, um die amerikanische Öffentlichkeit für den irrwitzigen Krieg zu gewinnen, den sie gegen Kuba führen wollten"

Das Dokument umfasst die Inszenierung gefälschter Angriffe mit fingierten Opfern, in anderen Fällen lässt es offen, ob die Angriffe Täuschungsmanöver oder echte Aktionen sein sollten. Für einige Angriffe wurde ausdrücklich erwogen, sie in die Realität umzusetzen. Nach der erfolgreichen Operation Northwoods wurde eine weitere Koordination durch die CIA geplant.

Einige Empfehlungen der Operation Northwoods lauteten:
- Verbreitung von Gerüchten über Kuba durch geheime Radiosender
Anschläge gegen kubanische Flüchtlinge in den USA, für die man Castro verantwortlich machen wollte
- Versenkung eines amerikanischen Schiffes in Guantánamo Bay
- Zerstörung einer amerikanischen Militärbasis oder eines amerikanischen Flugzeuges, anschließende Beschuldigung kubanischer Truppen
- Störung des zivilen Luftverkehrs, Angriffe auf Schiffe und Zerstörung eines US-Militärflugzeuges durch Flugzeuge vom Typ MIG
- Zerstörung eines angeblich mit ferienreisenden Studenten gefüllten Passagierflugzeuges
- Inszenierung einer Terroraktion mittels des tatsächlichen oder simulierten Versenkens kubanischer Flüchtlinge.
- Inszenierung von kommunistischen kubanischen Terroraktionen im Bereich Miami und in anderen Städten Floridas sowie in Washington
Angriff und Abschuss einer zivilen Chartermaschine durch ein kubanisches Flugzeug.

Für den Angriff und Abschuss einer zivilen Chartermaschine sah man vor, ein genaues Duplikat eines tatsächlich registrierten Zivilflugzeuges der CIA anzufertigen. Vorgesehen war hierfür der Luftwaffenstützpunkt Eglin. Das Duplikat sollte durch ein Rendezvous beider Flugzeuge südlich von Florida ausgetauscht werden. Zuvor haben bereits Passagiere mit falschem Namen das tatsächlich registrierte Flugzeug betreten und fliegen auf Minimalhöhe zum vorgesehenen Luftwaffenstützpunkt Eglin zurück. Das Duplikat sollte als Drohne weiter Richtung Kuba fliegen und mit der Notfrequenz „May Day" einen Angriff durch ein kubanisches Kampfflugzeug simulieren. Indem das Signal von der International Civil Aviation Organization aufgefangen wird, würde der Vorfall von ganz allein genug Aufsehen erregen, ohne großes Zutun der US-Administration.

Folgen
Da das Dokument von John F. Kennedy abgelehnt wurde, blieb Operation Northwoods ein Entwurf ohne tiefgreifende Folgen für die kurz darauf folgende

Kubakrise. Bedeutung erlangte das Dokument erst wieder mit der Veröffentlichung in den 1990ern und der Auswertung interner Geheimdienstprotokolle aus der Zeit der Kubakrise, sowie durch die Terroranschläge vom 11. September 2001.

Heutzutage sehen mehrere derjenigen, die die offizielle Version über Tathergang und Verursacher der Terroranschläge am 11. September bezweifeln, in Operation Northwoods ein Planspiel, das als Vorbild für die Anschläge diente. Die Existenz des Plans wird außerdem häufig als Beweis dafür angeführt, dass der Gedanke an eine Inszenierung von Terroranschlägen gegen das eigene Land durch US-Regierungsbehörden keinesfalls absurd sei.

4.4 Tonkin-Zwischenfall – Die USA begann den Krieg gegen Vietnam

Als Tonkin-Zwischenfall (auch Tongking-) bezeichnet man die Ereignisse im Golf von Tonkin vor der Küste des damaligen Nordvietnam im August 1964, bei denen ein US-amerikanisches Kriegsschiff angeblich in ein Gefecht mit nordvietnamesischen Schnellbooten verwickelt wurde. Der Zwischenfall wurde von der US-amerikanischen Regierung um Lyndon B. Johnson als Vorwand für die offizielle Beteiligung der USA an den damals stattfindenden Feindseligkeiten zwischen den beiden Landesteilen benutzt, die sich in der Folge zum Vietnamkrieg (1965–75) ausweiteten.

1971 veröffentlichte der Pentagon-Mitarbeiter Daniel Ellsberg einen als Pentagon-Papiere bekannt gewordenen Bericht, der die Darstellung des Zwischenfalls durch die frühere Regierung als bewusste Falschinformation entlarvte. Zu diesem Zeitpunkt hatten der Krieg in Vietnam und die US-amerikanische Beteiligung bereits ihren Höhepunkt erreicht. Am 30. November 2005 gab der US-Geheimdienst NSA geheime Dokumente frei und bestätigte damit indirekt, aber offiziell, dass der Vietnamkrieg infolge einer Falschmeldung an US-Präsident Johnson begann.

Ablauf

Die Vereinigten Staaten hatten zu Beginn der 1960er Jahre die Unterstützung für ihre südvietnamesischen Verbündeten erheblich verstärkt. Dies betraf unter anderem die Lieferung von Schnellbooten an Südvietnam sowie die Ausbildung der Besatzungen und Unterstützung bei Sabotageakten und Terroranschlägen durch die CIA (sogenannte 34A-Operationen). Die Schiffe wurden für Kommandounternehmen an der nordvietnamesischen Küste eingesetzt. Einheiten der 7. US-Flotte führten seit dem Ende des Zweiten Weltkriegs routinemäßig Operationen in den Gewässern des Südchinesischen Meeres durch.

Zwischenfall vom 2. August

USS Maddox (1966)Unmittelbar vor dem Tonkin-Zwischenfall, am 30. Juli, hatten
mit den USA verbündete südvietnamesische Einheiten die Inseln Hon Ngu und Hon
Me beschossen. Am Morgen des 31. Juli 1964 fuhr der US-amerikanische Zerstörer
USS Maddox auf Erkundungsfahrt in den Golf von Tonkin ein. Das Ziel dieser Fahrt
war allem Anschein nach die Gewinnung von Aufklärungsdaten über nordvietnamesische Radaranlagen und Militäreinrichtungen im Zielgebiet der südvietnamesischen Marineoperationen. Die Präsenz eines US-Kriegsschiffes sollte die nordvietnamesische Küstenwache zu Reaktionen provozieren, die von der National
Security Agency (NSA) aufgezeichnet und anschließend vom US-
Verteidigungsministerium analysiert werden konnten. Die Maddox blieb dabei nach
amerikanischen Angaben außerhalb der international anerkannten Zwölfmeilenzo-
ne, diese Darstellung ist allerdings umstritten. Südvietnamesische Schnellboote
näherten sich bei ihrer Rückkehr von Hon Me und Hon Ngu auf sieben Kilometer
der Maddox, sodass die nordvietnamesische Abwehr den Eindruck haben konnte,
sie böte den Südvietnamesen vor etwaigen Verfolgern Feuerschutz.

US-Darstellung des angeblichen Zwischenfalls am 4. August 1964

USS Turner Joy (1962)Kapitän Herrick von der Maddox hatte nach dem am Zwischenfall vom 2. August das Gebiet eigentlich verlassen wollen, wurde aber von
seinen Vorgesetzten im Pentagon angewiesen, weiterhin Stellung zu beziehen.
Durch die Hinzunahme eines zweiten Zerstörers, der USS Turner Joy, sollte die
unterbrochene Mission fortgesetzt werden. Obschon den Verantwortlichen in Washington bewusst war, dass der Angriff auf die Maddox mit der Operation auf Hon
Ngu und Hon Me im Zusammenhang stand, wurde ein erneuter Angriff durch ein
südvietnamesisches Kommando gestartet. Am 3. August wurden erstmalig Ziele
auf dem Festland angegriffen.

In Washington verhandelten unterdessen Präsident Johnson und sein Verteidigungsminister Robert McNamara über das weitere politische Vorgehen. Dabei ging
es vor allem darum, wie weit der US-Kongress über die Hintergründe der durch
die Medien bekannt gewordenen Vorfälle um die Maddox informiert werden sollte.
Johnson wies McNamara schließlich an, das Parlament auch von der Unterstützung
für die Schnellbootoperationen gegen Nordvietnam zu unterrichten. Allerdings sei
es wichtig zu betonen, dass die Nordvietnamesen zuerst angegriffen hätten. Außerdem betonte Johnson, dass die Aufklärungsoperationen fortgesetzt werden
sollten. Auch als McNamara Johnson wenige Stunden später auf der Grundlage
von durch den NSA abgehörtem nordvietnamesischem Funk über einen vermutlich
bevorstehenden erneuten Angriff auf das Schiff unterrichtete, blieb der Präsident
bei dieser Anweisung. McNamara empfahl, auf einen zweiten Angriff mit Vergeltungsschlägen zu antworten.

Eine Stunde später, am Abend des 4. August, gab McNamara eine Meldung von
Admiral Ulysses S. Grant Sharp, Kommandeur der Einsatzgruppe Pazifik, an Johnson weiter, wonach die beiden Schiffe weiter südlich unter erneutem Torpedobe-
schuss lägen. Auf die Nachfrage des Präsidenten konnte er die Angreifer nicht genau identifizieren, erklärte aber, dass die Torpedos vermutlich von

nordvietnamesischen Schiffen kämen. In seinen Memoiren schrieb der Verteidigungsminister später, dass er trotz mehrfacher Nachfrage keine exakten Informationen aus dem Einsatzgebiet bekommen und sich auf eine gleichlautende Einschätzung Sharps verlassen habe. Woher diese Einschätzung kommt, ist bis heute umstritten. Möglicherweise stützte Sharp sich lediglich auf die NSA-Berichte vom Nachmittag. In historischen Untersuchungen des NSA-Historikers Robert Hanyok aus dem Jahr 2001 wurden diese Berichte als „gefälscht" bezeichnet. NSA-Mitarbeiter hätten gezielt einen Bericht „produziert", der auf einen zweiten Angriff habe hinweisen sollen, um eigene zuvor gemachte Fehler zu vertuschen.

Wenige Stunden später gab Johnson den Befehl zu Vergeltungsschlägen mit Luftangriffen auf nordvietnamesische Hafenanlagen und Flugabwehrstellungen.

Am 5. August wurden von etwa 30 trägergestützten Flugzeugen Angriffe auf nordvietnamesische Marinestützpunkte in Hon Gay, Loc Tschad, Phuc Loi, Vinh und Quang Khe geflogen. Kurz vor dem Beginn der Bombardierung hatte Präsident Johnson in einer Fernsehansprache die Angriffe angekündigt, wobei er sich auf das Recht der Verteidigung gegen unprovozierte nordvietnamesische Angriffe berief.

Spätere Aussagen von Beteiligten lassen darauf schließen, dass am 4. August kein Gefecht stattgefunden hatte bzw. dass die Maddox und die Turner Joy auf nicht vorhandene Gegner gestoßen waren. Allerdings sind auch nach der Veröffentlichung der von Hanyoks zunächst geheim gehaltenen Untersuchung im Herbst 2005 nicht alle Akten über den Tonkin-Zwischenfall für die Öffentlichkeit zugänglich.

Tonkin-Resolution
Präsident Lyndon B. Johnson, der im selben Jahr in seinem Amt durch Präsidentschaftswahlen bestätigt werden wollte, nutzte den Zwischenfall, um die US-amerikanische Beteiligung am Vietnamkrieg zu legitimieren. Verteidigungsminister Robert McNamara stritt vor dem US-Kongress einen Zusammenhang mit den südvietnamesischen Kommandos ab und bezeichnete die nordvietnamesischen Angriffe daher als unprovoziert. Am 7. August verabschiedete der Kongress die Tonkin-Resolution. Diese gab der US-Regierung die Vollmacht, „alle notwendigen Schritte zu unternehmen, einschließlich des Gebrauchs bewaffneter Gewalt, um jedes Mitglied ... des Südostasiatischen Kollektiven Verteidigungsvertrages ... in der Verteidigung seiner Freiheit" zu unterstützen. Die Resolution wurde im Repräsentantenhaus mit 416 zu 0, im Senat mit 88 gegen 2 Stimmen angenommen. Damit konnte die US-Regierung Truppen nach Vietnam entsenden, ohne offiziell eine Kriegserklärung aussprechen zu müssen. Ein Mitarbeiter im State Department bezeichnete dies als das „funktionale Äquivalent einer Kriegserklärung".

4.5 Nijirah al-Sabah - Brutkastenlüge

Nijirah al-SabahNijirah al-Sabah ist eine Kuwaiterin, die sich am 10. Oktober 1990
als 15-jähriges Mädchen vor dem US-Kongress unter dem Namen Nayirah über
angebliche Gräuel während der irakischen Kuwait-Invasion äußerte. Erst später
stellte sich heraus, dass es sich bei dem Mädchen um die Tochter des kuwaiti-
schen Botschafters in den USA, Saud Nasir al-Sabah, handelte.

Sie sagte vor dem Menschenrechtsausschuss des Repräsentantenhauses unter
Tränen aus, sie habe freiwillige Arbeit im Al-Adnan-Krankenhaus in Kuwait-Stadt
geleistet und wörtlich: *»Ich habe gesehen, wie die irakischen Soldaten mit Gewehr-
ren in das Krankenhaus kamen …, die Säuglinge aus den Brutkästen nahmen, die
Brutkästen mitnahmen und die Kinder auf dem kalten Boden liegen ließen, wo sie
starben.«*

Die Organisation Citizens for a Free Kuwait hatte die PR-Agentur Hill & Knowlton
für 10 Millionen US-Dollar beauftragt, Nayirahs Geschichte (die von Lauri Fitz-
Pegado erfunden worden war) publik zu machen. Zwei Krankenschwestern der
betreffenden Entbindungsstation erklärten später, dass Nayirah nicht dort gearbei-
tet habe und die von ihr beschriebenen Vorfälle niemals stattgefunden hätten.

Nayirahs Lüge hatte eine durchschlagende Wirkung auf die Politik der USA gegenüber dem Irak. Präsident George H. W. Bush erwähnte Nayirahs Geschichte in den
nächsten fünf Wochen nicht weniger als sechs Mal. Aber auch amnesty international veröffentlichte am 19. Dezember 1990, über 3 Monate nach dem Auftritt des
Mädchens, einen 84-seitigen Bericht über Menschenrechtsverletzungen in Kuwait,
welche die Brutkästen-Behauptung enthielt. Sie wurde auch noch am 8. Januar
1991 von einem führenden Mitarbeiter von amnesty international vor dem Komitee für auswärtigen Angelegenheiten wiederholt. Der US-Senat stimmte schließlich
am 12. Januar 1991 mit 52 zu 47 Stimmen für einen Krieg gegen den Irak, was
1991 zum Zweiten Golfkrieg führte. Das Repräsentantenhaus stimmte mit 250 zu
183 Stimmen für den Krieg.

4.6 Wie man sich eine Elite „heranzüchtete" und welche Konsequenzen dies hatte

In vorkolonialer Zeit gab es in Ruanda und Burundi ein Nebeneinander der Gruppen der Tutsi, Hutu und Twa, deren Sozialstruktur sich in dieser Rangfolge über
den sozialen Status ergab. Während die Tutsi überwiegend Viehzüchter waren und
die Twa als Jäger und Sammler lebten, betrieben die Hutus vornehmlich Landwirt-
schaft und stellten die Mehrheit der Bevölkerung. Eine vertikale Durchlässigkeit
zwischen den sozialen Gruppen war gegeben; beispielsweise durch den Erwerb
von Vieh war sozialer Aufstieg möglich. Alle drei Gruppen sprechen Kinyarwanda.

Erst während der Kolonialherrschaft Deutschlands (bis 1916) und des Völker-
bundsmandats Belgiens (ab 1923) über Ruanda entstand eine ethnische Bedeutung der Zugehörigkeit von Menschen zu den Gruppen der Hutu, Tutsi oder Twa.
Die Einteilung in Ethnien und das Bilden einer herrschenden Volksgruppe als Ober-
schicht dienten den Kolonialherren zur Organisation der Kolonialverwaltung im
Sinne der von Deutschen und Belgiern praktizierten indirekten Herrschaft. 1934
galt als ein Kriterium für die Zuordnung zu den Hutu oft der Besitz von unter zehn
Rindern. Häufig legten die Behörden die Zugehörigkeit zu einer Gruppe auch nach
dem Aussehen der Menschen fest.

Im damals vorherrschenden rassistischen Denkmodell wurden die ethnischen
Gruppen auch anhand ihrer Phänotypologie unterschieden, wobei diese hier auf
die bereits bestehenden sozialen Gruppen übertragen wurden. Die sozial unterge-
ordneten Hutu wurden als negride, „unterwürfige Rasse" klassifiziert, die Tutsi als
überlegene „Rasse mit natürlichen Herrscherqualitäten". Als Legitimation wurden
die Tutsis gemäß der Hamitentheorie als hamitisch-semitische und damit als euro-
pide Rasse eingeordnet, deren Herrschaftsanspruch sich daraus ergebe.

Die neuen Kolonialherren führten ein System der Zwangsarbeit ein, mit dessen
Hilfe sie das Land wirtschaftlich erschließen wollten. Sie individualisierten zudem
die Ansprüche ihrer Macht gegenüber den Einzelnen, indem sie den Einfluss von
Clans und Lineages durch Verwaltungsreformen zurückdrängten. Zu den folgen-
reichsten Administrativmaßnahmen der Belgier gehörte 1933/34 die Ausstellung
von Ausweispapieren im Gefolge einer Volkszählung. Diese Dokumente fixierten
die ethnische Zugehörigkeit jedes Einzelnen, war er nun Twa, Hutu oder Tutsi. Die
ethnische Zuordnung aller Ruander war fortan in Verwaltungsregistern festgeschrieben. Die Unterscheidung der Menschen nach sozialem Status und wirtschaftlichen Aktivitäten wurde biologisiert und damit zu einer nach Rassen.

In der Zwischenkriegszeit förderte die Katholische Kirche in ihren Missionsschulen
die Tutsi stärker als die Hutu. Diese schulische Ausbildung bot den Tutsi die Per-
spektive, in die Landesverwaltung einzutreten, denn der Unterricht in Französisch
bereitete sie darauf vor. Nach dem Ende des Zweiten Weltkrieges wandelte sich
das Selbstverständnis der Missionare. Sie verstanden sich zunehmend als Helfer
und Sprachrohr der unterprivilegierten Hutu, nicht mehr als Förderer der Tutsi-
Elite. Die Schulen boten verstärkt auch für Hutu den Zugang zu westlicher Bildung.
Der entstehende Hutu-Klerus gehörte zur Elite der Hutu, die zunehmend ein Ge-
gengewicht zur Tutsi-Herrschaft bildete und auf politische Teilhabe und Demokra-
tisierung des Landes drängte.

Diesem Denkmodell folgend wurden Tutsi seit Beginn der Kolonisation von den
Machthabern in Schlüsselpositionen eingesetzt und gefördert. Nach dem Ende der
Kolonialherrschaft wurden jedoch die Bevölkerungsmehrheit der Hutu zur herr-
schenden Gruppe. Diese historische Entwicklung ist eine der mittelbaren Ursachen
für ethnische Konflikte in beispielsweise Ruanda, der Demokratischen Republik
Kongo und Burundi.

Der Konflikt zwischen Hutu und Tutsi führte 1994 zum Völkermord in Ruanda einschließlich des Massakers von Nyarubuye. Berichte schildern, dass Männer, Frauen
und Kinder wahllos mit Speeren, Macheten, Keulen, Handgranaten und Gewehren
umgebracht wurden. Das Massaker war Teil des Völkermordes in Ruanda, bei dem
Milizen extremistischer Hutu von April bis Juni 1994 etwa 800.000 bis eine Million
Tutsi und gemäßigte Hutu ermordeten.

4.7 Die Lawon-Affäre – Wie man Hass und Zwiespalt sät

Nachdem Gamal Abdel Nasser 1952 in Ägypten an die Macht gekommen war, ver-
besserten sich die amerikanisch-ägyptischen Beziehungen. Dies wurde von einigen
als Bedrohung für Israel angesehen. Es kam zu einem Zwischenfall, der später, als
alle Fakten aufgedeckt waren, die israelische Öffentlichkeit schockierte und zum
Sturz der Regierung unter Ben Gurion führte. Die Lawon-Affäre beschäftigte die
israelische Innenpolitik noch für eine Dekade.

Einige Persönlichkeiten der israelischen Regierung schmiedeten gemeinsam mit
dem Militärgeheimdienst ein Komplott, um die Beziehungen zwischen den USA und
Ägypten zu unterminieren. Diese Gruppe führte Bombenanschläge gegen US-
amerikanische Regierungs- und Zivileinrichtungen in Ägypten durch. Ziele waren
eine US-amerikanische Bibliothek in Alexandria und Kairo, ein MGM-Kino und andere US-amerikanische Geschäftsgebäude. Diese Aktionen wurden 1954 beendet,
als zwei Agenten, die versucht hatten eine Bombe zu platzieren, gefangen ge-
nommen wurden. Die Zelle brach darauf zusammen, die meisten ihrer Mitglieder
wurden von den Ägyptern inhaftiert, zwei wurden mit dem Tode bestraft. Wegen
der schlechten Behandlung, die diese zumeist sephardischen Juden durch Ägypten
erfuhren, sahen sich Kritiker darin bestätigt, dass die israelische Regierung unter
der Mapai die Sepharden diskriminiere, da sie sich nicht stark genug für die Gefangenen eingesetzt habe.

In der folgenden Untersuchung behauptete Brigadier Binyamin Gibli, Verteidigungsminister Pinchas Lawon habe mündlich den Befehl zur Ausführung der Operation gegeben. Der damalige Generalstabschef Mosche Dajan behauptete dasselbe. Lawon musste zurücktreten und Ben Gurion übernahm sein Amt. 1960, nach
neuen Beweisen, die durch einen geheimen Prozess im Jahre 1958 gegen einen
der Doppelspionage Verdächtigten ans Tageslicht gekommen waren, verlangte
Lawon von Ben Gurion seine Entlastung. Ben Gurion wies diese Forderung zurück,
weil er nicht glauben mochte, dass Offiziere der von ihm mitgegründeten Armee
eine so unehrenhafte Aktion, wie Lawon etwas anzuhängen, durchführen könnten.
Im Jahre 1960 stellte ein Komitee aus sieben Ministern, das den Fall untersuchen
sollte, dennoch fest, dass ein Dokument, das von Mosche Dajan und Schimon Peres (zu diesem Zeitpunkt Verteidigungsminister) dazu benutzt worden war, um die

Verantwortung für die 1954er-Aktion auf Lawon zu schieben, gefälscht war. Eine folgende Anhörung ergab, dass neben Dajan und Peres auch der Brigadier Abraham Givli verstrickt war. Die Schlüsse des Komitees wurden von der Regierung akzeptiert und, obwohl versucht wurde, die Details des Falles auf Grund der nationalen Sicherheit geheim zu halten, führte die Lawon-Affäre zu einem zweiten Skandal. Ben Gurion trat mit dem Argument zurück, die Regierung sei aus politischen Erwägungen zu diesem Urteil gegen die „Jungen Wilden" gelangt und könne in diesem Fall nicht entscheiden.

Bei den folgenden Wahlen im Jahre 1961 erklärte Ben Gurion, dass er nur dann den Regierungsauftrag übernehme, wenn Lawon vom Vorsitz über die Histadrut entlassen würde. Seine Forderungen wurden akzeptiert, aber 1963 trat er abermals wegen des Skandals zurück. Seine Versuche, das Problem in den Jahren 1964–1965 durch die Mapai zu lösen, wandten sich gegen ihn, und Ben Gurion war gezwungen, sie zu verlassen.

4.8 McCarthy-Ära – Die Kommunistenverfolgung in der USA

Die McCarthy-Ära (benannt nach dem Senator Joseph McCarthy) war in der jüngeren Geschichte der Vereinigten Staaten eine Ära, die durch intensiven Antikommunismus geprägt war. Sie wird auch als Second Red Scare (dt. „Zweite Rote Angst") bezeichnet. Obwohl Joseph McCarthy erst Anfang 1950, nach dem zweiten Verfahren gegen Alger Hiss in Erscheinung trat, wird heute synonym die gesamte Verfolgung echter oder vermeintlicher Kommunisten seit 1947 als McCarthy-Ära bezeichnet. Sie dauerte bis etwa 1956. Während dieser Zeit verfolgte die US-Regierung die Kommunistische Partei der USA, ihre Führung, ihre Mitglieder und eine Vielzahl angeblicher Sympathisanten. Nachdem sowohl der stellvertretende Finanzminister Harry Dexter White als auch der Ratgeber Franklin D. Roosevelts, Alger Hiss, als sowjetische Agenten verdächtigt wurden, wurden für Regierungsmitarbeiter und die Beschäftigten staatlicher Einrichtungen Loyalitätstests eingeführt.

Intentionen und Grundlagen
Von dem Standpunkt vieler konservativer amerikanischer Bürger aus war damals die Unterdrückung von Radikalismus und radikalen Organisationen in den USA ein Kampf gegen ein gefährliches subversives Element, eine von einer fremden Macht kontrollierte fünfte Kolonne. Diese Gefahr für das Land rechtfertigte in deren Augen auch extreme, sogar illegale Methoden. Die Menschen- und Grundrechte der Personen, die während des Konfliktes belangt wurden, weil sie der Spionage verdächtigt wurden, wurden dabei häufig grob verletzt.

Maßnahmen
Ein Hauptaspekt der McCarthy-Ära war das interne Prüfverfahren für Bundesangestellte, das vom Federal Bureau of Investigation (FBI) unter J. Edgar Hoover gelei-

tet wurde. Dieses umfassende Programm prüfte alle öffentlichen Bediensteten auf Verbindungen zu Kommunisten. Dabei konnten anonym erbrachte Beweise von den untersuchten Personen weder bestritten noch näher betrachtet werden. Ab 1951 war ein „angemessener Zweifel" ausreichend, um einen Angestellten zu entlassen. Vorher waren „angemessene Gründe" nötig, um jemanden als untreu einzustufen.

Ab 1950 stieg McCarthys Bekanntheitsgrad in der Öffentlichkeit schnell. Die Red Scare wurde, nachdem ihm der Senat 1954 das Misstrauen aussprach, fortgesetzt, gefolgt von seinen verheerenden Untersuchungen in der US-Army, die am 22. April desselben Jahres begannen. Der Name McCarthy wurde mit dem Phänomen hauptsächlich durch sein Auftreten in den Medien assoziiert. Seine freimütige und unberechenbare Natur machte ihn zum idealen Aushängeschild des Antikommunismus, obwohl er möglicherweise noch nicht einmal der wichtigste Praktiker war.

Charlie Chaplin war eine der wegen „unamerikanischer Aktivitäten" beschuldigten Personen und das FBI war an Bemühungen beteiligt, dessen Visum für die Rückreise für ungültig zu erklären, als er 1952 Europa bereiste. Tatsächlich war seine Filmkarriere beendet, obwohl er in keiner Anklage für schuldig erklärt wurde. Walt Disney arbeitete zu dieser Zeit eng mit dem FBI zusammen. In Akten des FBI tauchte er als Special Agent contact auf, gleichzeitig stand er selbst ebenfalls unter Verdacht. Seine Zeugenaussage vor dem Komitee für unamerikanische Umtriebe (HUAC) am 24. Oktober 1947 benutzte er hauptsächlich dafür, Mitarbeiter seines Unternehmens zu denunzieren, die seiner Meinung nach eine Bedrohung für seine geschäftlichen Unternehmungen waren oder werden könnten. Darüber hinaus kamen einige Hollywood-Regisseure, die als die Hollywood Ten bekannt wurden, ins Gefängnis, weil sie sich weigerten, mit den Ermittlern zusammenzuarbeiten. Auch zahlreiche linke Autoren und marxistische Theoretiker wie C. L. R. James litten unter dieser „Hexenjagd" und wurden aus den USA ausgewiesen.

Thomas Mann, der während des Nationalsozialismus in die USA emigriert war, entschloss sich, nach Europa zurückzukehren, als er im Juni 1951 vor dem Repräsentantenhaus im Kongress als "one of the world's foremost apologists for Stalin and company" (deutsch: „einer der weltweit bedeutendsten Verteidiger Stalins und dessen Anhänger") bezeichnet wurde. Er musste (wie schon zuvor die deutschen Emigranten Hanns Eisler und Bertolt Brecht) Rechenschaft über seine Aktivitäten vor dem Komitee für unamerikanische Aktivitäten ablegen.

Edward U. Condon, ein renommierter Atomwissenschaftler und u.a. beteiligt an der Entwicklung des Radars sowie am Manhattan-Projekt zur Entwicklung der ersten Atombombe, war einer der Physiker, deren Loyalität ebenfalls in Zweifel gezogen wurde. Der Vorsitzende des Komitees, J. Parnell Thomas, nannte Condon „das vielleicht schwächste Glied in unserer atomaren Sicherheit". Nach dem Buch The Committee, in dem Walter Goodman 1968 die Geschichte der McCarthy-Ära aufrollte, beruhte dieser Vorwurf auf der Tatsache, dass sich Condon den Zorn des Armeegenerals Groves zugezogen hatte, als er sich dafür eingesetzt hatte, dass die neugebildete Atomenergie-Kommission (Atomic Energy Commission) nicht unter militärische, sondern zivile Kontrolle gestellt wurde, was dann auch geschah. 1948 griff Präsident Harry S. Truman auf der jährlichen Tagung der Amerikanischen Assoziation für den Wissenschaftlichen Fortschritt (AAAS) - Condon saß neben ihm - den HUAC-Vorsitzenden J. Parnell Thomas mit den Worten an, dass entscheidend wichtige wissenschaftliche Forschung „unmöglich gemacht werden könnte durch die Schaffung einer Atmosphäre, in der niemand sicher ist vor der Veröffentlichung von unfundierten Gerüchten, übler Nachrede und Verleumdung", und er nannte die Aktivitäten des Komitees „die un-amerikanischste Sache, mit der wir heute zu kämpfen haben. Es ist das Klima eines totalitären Staates".

Gerichtsprozesse

Besonders großes Aufsehen erregten in der Öffentlichkeit während der McCarthy-Ära die Gerichtsprozesse gegen Beamte, Politiker, Künstler, Wissenschaftler und andere, die beschuldigt wurden, kommunistische Agenten zu sein. Die berühmtesten Prozesse waren die gegen Alger Hiss und das Ehepaar Ethel und Julius Rosenberg. Der Prozess gegen Hiss begann bereits, bevor McCarthy in Erscheinung trat. Hiss wurde nie wegen Spionage verurteilt, jedoch letztlich wegen Meineids. Die Rosenbergs wurden zum Tode verurteilt und hingerichtet, weil sie Staatsgeheimnisse an die Sowjetunion übergeben hätten. Solche Prozesse basierten typischerweise auf Informationen von Spitzeln oder Komplizen. Dazu gehörten beispielsweise Whittaker Chambers, dessen Aussage zum Sturz Hiss' führte, oder die Mitverschwörer Klaus Fuchs, Harry Gold und David Greenglass, deren Geständnisse zur Verurteilung im Fall Rosenberg beitrugen. Indem sie Namen anderer an vermeintlichen Verschwörungen beteiligter Personen nannten, kamen Leute wie Chambers in den Genuss von Vergünstigungen. Informanten wurden Zugeständnisse gemacht – im Gegensatz zu Leuten, die alle Schuld von sich wiesen.

Der Anfang vom Ende

McCarthys Kampf gegen den Kommunismus brach 1954 zusammen, als seine Verhöre zum ersten Mal in dem Politmagazin „See It Now" im Fernsehen ausgestrahlt wurden. Dies ermöglichte der Öffentlichkeit und der Presse aus erster Hand einen Einblick in seine umstrittenen Praktiken. Zu diesem Zeitpunkt begann die Presse auch, Geschichten über Personen zu schreiben, deren Leben durch McCarthys Anschuldigungen, die in manchen Fällen nicht durch Beweise gestützt waren, ruiniert wurden.

Der gegen McCarthys Kommission ermittelnde David-Schine-Untersuchungsausschuss forderte McCarthy gegen Ende der 36-tägigen öffentlichen Anhörung auf, die Namen eines Informanten und die Namen von etwa 130 angeblich kommunistischen „Subversiven" zu nennen, die von diesem im Verteidigungsministerium identifiziert worden seien. McCarthy weigerte sich und versuchte stattdessen, seine ohnehin angeschlagene Position zu stabilisieren, indem er Fred Fisher, einen abwesenden Mitarbeiter von Armeerechtsberater Joseph Welch, kommunistischer Infiltration beschuldigte.

Der angesprochene Joseph Welch reagierte auf die unbelegte Behauptung McCarthys mit den Worten: "Have you no sense of decency, sir, at long last? Have you left no sense of decency?" (deutsch: „Sir, haben Sie immer noch kein Gespür für Anstand? Haben Sie überhaupt keine Vorstellung von Anstand mehr?") Die Anhörungen, in denen McCarthy manche Ausschussmitglieder in sachlichem Ton beleidigte und später praktisch alle als Stellvertreter der Kommunistischen Partei bezeichnete, wurden landesweit im Fernsehen gezeigt, was zum endgültigen Umschwung der öffentlichen Meinung über die Methoden McCarthys führte.

McCarthy wurde daraufhin vom Senat das Misstrauen ausgesprochen und er verlor schließlich auch den Vorsitz eines weiteren Ausschusses. Die Journalisten hörten auf, über seine Klagen über fortschreitende kommunistische Verschwörungen zu berichten. Über Nacht verschwand er aus dem Rampenlicht. McCarthy wurde vom starken Trinker zum Alkoholiker und starb 1957 an Hepatitis.

McCarthyism als allgemeines Konzept
Während der Zeit McCarthys ist „McCarthyism" in den USA zu einem festen Begriff geworden. Er beschreibt das Phänomen, der Gesellschaft durch Massenhysterie, Beunruhigung und schwarze Listen politische Ansichten einzuträufeln. Unzureichend begründete Anschuldigungen oder unfaire Ermittlungsmethoden werden oft mit McCarthy in Verbindung gebracht. Sie dienen dazu, Personen zum Schweigen beziehungsweise in Verruf zu bringen.

Beschuldigungen des McCarthyism werden oft sowohl von Liberalen als auch von Konservativen gegen ihre politischen Gegner vorgebracht, die angeblich Menschen aus politischen Gründen verfolgen. So sei es laut Konservativen die Schuld des von liberalen Universitätsinstitutionen betriebenen McCarthyism, dass nur wenige konservative Fakultäten an amerikanischen Universitäten existieren. Auf der anderen Seite mögen viele Konservative diesen Begriff nicht. Er scheint den Hohn zu legitimieren und fortzusetzen, den Liberale traditionell für antikommunistische und Anti-Spionage-Aktivitäten übrig haben.

4.9 110.000 japanischstämmige Amerikaner wurden in US-Konzentrationslagern eingesperrt

Die Internierung japanischstämmiger Amerikaner war eine erzwungene Umsiedlung und Internierung von annähernd 120.000 Japanern und japanischstämmigen Amerikanern (62% dieser Bürger der Vereinigten Staaten) aus der Westküste der Vereinigten Staaten zur Zeit des Zweiten Weltkriegs. Während etwa 10.000 in der Lage waren, in einen anderen Teil des Landes ihrer eigenen Wahl umzuziehen, wurde der Rest – schätzungsweise 110.000 Männer, Frauen und Kinder – zu hastig aufgebauten Lagern, genannt War Relocation Centers, im Abseits der Innenbereiche des Landes verlagert.

Geschichte der Internierung

Nach dem Angriff auf Pearl Harbor und dem Eintritt der Vereinigten Staaten in den
Zweiten Weltkrieg vom Dezember 1941 wurden auf der Grundlage weitverbreite-
ter rassistischer Vorurteile und in Fortsetzung verschiedener diskriminierender
Einschränkungen nicht nur japanische Staatsangehörige in den Vereinigten Staaten, sondern auch alle amerikanischen Staatsbürger japanischer Abstammung als
Sicherheitsrisiko (Enemy Alien) eingestuft. Am 19. Februar 1942 unterzeichnete
Präsident Franklin D. Roosevelt die Executive Order 9066, auf deren Grundlage
große Teile der Pazifik-Anrainerstaaten zum Sperrgebiet erklärt wurden. Alle Bewohner Kaliforniens, des westlichen Oregons und Washingtons sowie eines kleinen
Streifens im Süden Arizonas und Alaskas mit japanischen Vorfahren wurden durch
die War Relocation Authority (Kriegs-Umsiedelungs-Behörde) in Internierungslager
östlich der Pazifik-Region eingewiesen. Eine vergleichbare Ermächtigung zur vollständigen Internierung von deutsch- und italienischstämmigen Bewohnern der
Ostküste wurde nicht umgesetzt. Einzelne Personen wurden aber interniert.

Die Gerichte der unteren Instanzen entschieden uneinheitlich. Im Dezember 1944
entschied der Supreme Court in zwei Urteilen, dass die Internierung im Grundsatz
rechtmäßig ist, allerdings die Internierung eines japanischstämmigen amerikanischen Staatsbürgers, dessen Loyalität unbestritten ist, nach dem Habeas Corpus-
Grundsatz unzulässig war. Daraufhin erklärte die Bundesregierung, die Internierung bis Jahresende 1945 beenden zu wollen. Das Ende des Zweiten Weltkriegs
kam dem zuvor.

Insgesamt waren alleine von den Zwangsmaßnahmen gegen die japanischstämmige Bevölkerung 116.000 Menschen betroffen, sie lebten bis 1945 in zehn Bara-
ckensiedlungen weit abseits größerer Ortschaften und unter Bewachung durch das
US-Militär. Nach dem Ende des Krieges wurden ihnen unter engen Voraussetzungen einige nachgewiesene Schäden erstattet.

In den 1960er Jahren begann unter dem Eindruck der Bürgerrechtsbewegung Kritik an den Maßnahmen laut zu werden, die Diskussion führte in den 1980er Jahren
zu umfangreichen wissenschaftlichen Untersuchungen und einer politischen Debatte. Nachdem eine vom US-Kongress eingesetzte Kommission zum Schluss kam,
dass die Maßnahmen nicht durch militärische Notwendigkeit gerechtfertigt werden
konnten und die Ursachen viel mehr „rassistische Vorurteile, kriegsbedingte Hys-
terie und das Versagen der politischen Führung" waren, sprach 1988 der Civil Li-
berties Act of 1988 jedem noch lebenden Opfer der Zwangsumsiedelung 20.000
Dollar Entschädigung zu. 1992 wurden in einer Gesetzesänderung weitere Mittel
bereitgestellt, um die Verpflichtung erfüllen zu können.

4.10 Chrome-Dome – Amerikanische Atombomben über Europa

Im Jahr 1960 begann die Strategic Air Command (SAC) die Operation Chrome
Dome. Die SAC war während des Kalten Krieges die strategische Luftstreitmacht
innerhalb der US-Luftwaffe, Inbegriff der militärischen Wachsamkeit sowie zentra-
ler Bestandteil des nuklearen Abschreckungspotentials der USA. B-52 Bomber be-
stückt mit Atomwaffen flogen regelmäßig über Kanada, Alaska der USA, Grönland
und Europa Patrouille, bis an die Grenze der Sowjetunion. Täglich flogen 2 B-52
Bomber mit bis zu 4 Atombomben die westliche Route über Alaska. 4 weitere
Bomber am Tag die nördliche Route über die USA und Kanada nach Grönland und
bis zu 6 Bomber mit jeweils 4 Wasserstoffbomben in Richtung Europa. Die B-52
Bomber hielten sich nahe der Grenze der Sowjetunion auf um einen schnellen
Erst- oder Vergeltungschlag mit Atomwaffen durchzuführen.

Die B-52 Bomber flogen von der Sehpard Air Force Base - USA - North Carolina
nach Europa. Über dem Altantischen Ozean wurden sie betankt. Es gab mehrere
schwere Abstürze der Bomber mit Atomwaffen während der Mission "Chrome Dome".

1961 Yuba City B-52 Absturz in USA
1964 Cumberland B-52 Absturz in USA
1966 Palomares B-52 Absturz in Spanien
1968 Thule Air Base B-52 Absturz in Grönland

Einer der schwerstwiegendsten Bomberabstürze mit Atomwaffen passierte am 17.
Januar 1966 in Palomares in Spanien. Damals waren ein aus North Carolina in den
USA kommender B-52-Bomber und ein KC-135-Tankflugzeug der US Air Force bei
einem Auftankmanöver in der Saddle Rock Refueling Area über der spanischen
Mittelmeerküste in 9.000 Metern Höhe kollidiert. Es kam zu einer Explosion, die
gut 150.000 Liter Treibstoff an Bord der KC-135 gingen in Flammen auf und beide
Flugzeuge stürzten ab. Alle 4 Besatzungsmitglieder des Tankflugzeuges starben.
Fünf Mitglieder der siebenköpfigen Bomberbesatzung konnten mit dem Schleuder-
sitz aus dem Flugzeug aussteigen, allerdings öffnete sich bei einem der Fallschirm
nicht. Insgesamt starben sieben der elf Besatzungsmitglieder beider Flugzeuge.
Ein Besatzungsmitglied landete auf dem spanischen Festland und drei weitere gingen einige Kilometer von der Küste entfernt im Meer nieder, wo sie durch spanische Fischer aufgelesen wurden.

Drei der vier Wasserstoffbomben vom Typ B28 an Bord des B-52-Bombers stürzten im bewohnten Gebiet von Palomares auf den Boden, die vierte fiel ins Meer.
Die Sicherheitsvorkehrungen verhinderten eine thermonukleare Explosion, doch
die hochexplosiven Sprengladungen in zwei der Bomben detonierten und verseuchten durch radioaktive Substanzen mehrere Hektar Agrarland. In einer drei-
monatigen Aktion wurden 1.750 Tonnen des radioaktiv verseuchten Bodens von
Tomatenplantagen abgetragen und mit dem Schiff USNS Boyce nach Aiken, South
Carolina zur Entsorgung gebracht.

Mehr als 33 US-Kriegsschiffe riegelten das Gebiet der Absturzstelle der vierten Wasserstoffbombe im Mittelmeer ab, die der spanische Fischer Paco Orts, der die Bombe am Fallschirm hatte herunterkommen sehen, markieren konnte. Taucher und Tauchboote suchten daraufhin den Meeresgrund ab. Erst am 7. April 1966 konnte durch das Bergungs-U-Boot DSV Alvin die Bombe aus dem Meer geborgen und an Bord der USS Petrel gebracht werden. Die Bergungsoperation kostete sechs Millionen US-Dollar. An dieser Bergungsaktion nahm der US Navy-Taucher Carl Brashear teil, dessen Leben und militärische Laufbahn in dem Hollywood-Film Men of Honor dargestellt wird.

Der Vorfall rief Proteste von Atomkraft- und Nuklearwaffengegnern hervor und führte zu diplomatischen Verwicklungen zwischen Spanien und den Vereinigten Staaten. Vier Tage nach dem Vorfall erklärte die spanische Regierung, dass zukünftig keine Flüge von NATO-Flugzeugen über spanisches Territorium genehmigt würden und am 29. Januar folgte ein formelles Verbot.

1975 wurde vom US-amerikanischen Amt für nukleare Entwicklungen des US-Verteidigungsministeriums der Palomares Summary Bericht verfasst, in dem festgestellt wurde, dass der am Unfalltag herrschende Wind plutoniumhaltigen Staub aufgewirbelt hat und dass „das ganze Ausmaß der Verbreitung nie in Erfahrung zu bringen sein" würde.

Erst 1985 erhielten die Bewohner Zugang zu ihren medizinischen Unterlagen. Rund 522 Einwohner von Palomares erhielten eine Entschädigung der US-Regierung in Höhe von insgesamt 600.000 US-Dollar und die Stadt weitere 200.000 US-Dollar für eine Entsalzungsanlage.

Nachmessungen im Jahr 2004 offenbarten eine weiterhin hohe Radioaktivität im Erdreich einiger Flächen in der Umgebung von Palomares. Die betroffenen Grundstücke wurden daraufhin im Eilverfahren enteignet, um eine Bebauung oder weitere landwirtschaftliche Nutzung zu verhindern. Im Oktober 2006 wurde zwischen der spanischen und amerikanischen Regierung die vollständige Dekontaminierung des betroffenen Geländes vereinbart. Die Kosten hierfür sollen zwischen beiden Staaten geteilt werden. Noch ist allerdings unklar, wie groß das Ausmaß der Verseuchung ist und auf welche Weise die Dekontaminierung erfolgreich durchgeführt werden kann. Im Oktober 2006 wurde bei Schnecken in der Nähe des Ortes deutlich erhöhte Radioaktivität festgestellt, woraufhin man weitere gefährliche Mengen Uran und Plutonium im Erdboden vermutete.

Am 21. Januar 1968 stürzte 11 Kilometer südlich der Thule Air Base eine B-52 mit den Piloten John Haug und Joe D'Amario aufs Eis. Drei der vier an Bord befindlichen Wasserstoffbomben stürzten ins Eismeer und konnten eingefroren geborgen werden. Nach massiven Protesten der dänischen Regierung unternahmen die USA auch eine massive Suche nach der vermissten vierten Bombe, zunächst ohne Erfolg. Ob die US-Spezialeinheit Navy SEAL und Soldaten des Bauregiments (SeaBee) der US Navy 1979 die vierte Bombe in der Baffin Bay bergen konnten, wird in jüngster Zeit nach Recherchen der BBC angezweifelt

Der Palomares und der Thule Absturz gab der Ausschlag zum Ende der Mission "Chrome Dom", am 22. Januar 1968.

Im März 2009 identifizierte die Times den Thule-Unfall als einer der weltweit schlimmsten Nuklearen-Katastrophen.

4.11 Fichenskandal – Die Schweiz läst Ihre eigene Bürger bespitzeln

Der sogenannte Fichenskandal (auch Fichenaffäre) ist eine Episode der neueren Schweizer Geschichte in der Endphase des Kalten Krieges. Fiche ist die französische Bezeichnung für Karteikarte. Davon abgeleitet hat sich in der Schweiz das Wort «Fichenstaat» als Umschreibung für einen «Schnüffelstaat» gebildet.

Ablauf
Zur Untersuchung des sogenannten „Falls Kopp" beschloss das Parlament am 31. Januar 1989, eine Parlamentarische Untersuchungskommission unter dem Vorsitz des damaligen Nationalrats und späteren Bundesrats Moritz Leuenberger einzusetzen. Der Auftrag umfasste auch eine detaillierte Untersuchung der zum Zweck des Staatsschutzes von der Bundesanwaltschaft betriebenen Datensammlungsaktivitäten mittels sogenannter Fichen (Registerkarten), für welche die reguläre Geschäftsprüfungskommission (GPK) nicht über ausreichende Befugnisse verfügte, obwohl sie seit Mai 1988 über Existenz und Anzahl der Fichen informiert war.

In den späten 1980er Jahren war nach und nach ans Licht gekommen, dass die Bundesbehörden und auch die kantonalen Polizeibehörden rund 900'000 Fichen angelegt hatten. Laut offiziellen Archiven waren mehr als 700'000 Personen und Organisationen betroffen; bei der damaligen Einwohnerzahl von rund 6,5 Mio. Menschen waren dies mehr als 10 Prozent der gesamten Bevölkerung. Die Beobachtungsaktivitäten erfassten vor allem linksstehende Politiker und Mitglieder von Gewerkschaften. Offizielles Ziel der Fichierung war es, das Land vor aus dem Ausland gesteuerten subversiven Aktivitäten zur Destabilisierung des Systems und nachfolgender Errichtung einer totalitären (kommunistischen) Diktatur zu schützen.

Als Vorgänger dieser staatlichen Überwachungstätigkeit hatte der Zürcher FDP-Politiker Ernst Cincera eine eigene Kartei angelegt, welche von privater Seite etwa im Zusammenhang mit Stellenbewerbungen konsultiert werden konnte.

Die Aufdeckung des Fichenskandals bewegte die schweizerische Öffentlichkeit stark. Das Vertrauen vieler Bürger in den Staat war erschüttert. Zahlreiche Bürger reichten Gesuche ein, um die Herausgabe der persönlichen Fichen zu erreichen.

Sie erhielten schliesslich Kopien ihrer Fichen, auf denen die Namen von Drittpersonen abgedeckt wurden, um die Identität der Informanten geheimzuhalten.

Im Zusammenhang mit den Nachforschungen zur Kopp- und Fichen-Affäre wurden auch Hinweise auf weitere Auffälligkeiten gefunden. So wurde ein Bericht über die Geheimorganisationen P-26 und P-27 erstellt, dessen Inhalt aber teilweise bis heute der Öffentlichkeit vorenthalten wird. Unklarheiten bestehen nach wie vor auch bezüglich der Registrierung von Zigeunern. Dass ein entsprechendes Archiv angelegt wurde, wird heute nicht mehr bestritten. Da jedoch bisher sämtliche Recherchen von Historikern (z. B. im Rahmen der sog. Bergier-Kommission, der unabhängigen Expertenkommission, die die Geschichte der Schweiz während des Zweiten Weltkriegs aufbereitete) nur Einzelbelege in verstreuten Archivbeständen zutage fördern konnten und die Behörden sich zu diesem Thema ausschweigen, bleibt unklar, ob diese Registratur vernichtet wurde oder nach wie vor in Gebrauch ist.

5.0 RELIGIONEN

5.1 Konzil von Niccäa – Aus einem Prediger wurde Gott

Die Kontroverse begann 318 in Alexandria während einer informellen Diskussion über die Dreieinigkeit, die der Bischof Alexander mit seinen Ältesten führte. Einer der Ältesten, Arius, warf dem Bischof in der Diskussion Sabellianismus vor (Sabellianismus sieht Gott als eine Person, die sich auf dreifache Weise manifestiert) und erklärte dagegen seine Meinung: es gab eine Zeit, da Jesus nicht war und aus dem Nichts ist er geschaffen, die er mit einigen Bibelversen belegte.

Gegen diese Lehre wehrte sich später ein junger Diakon des Bischofs, Athanasius, energisch. Ihm ging es nicht um philosophische Überlegungen, er kämpfte für die Erlösung. Jesus, der Retter der Welt und aller Menschen, konnte nicht selbst ein erlösungsbedürftiges Geschöpf sein. Wenn Arius aus Jesus ein Geschöpf mache, raube er der Menschheit den Erlöser. Athanasius erinnerte an Johannes 1.

Es kam 319 zu einer von Alexander einberufenen lokalen Synode der Bischöfe von Libyen und Ägypten. Die von Arius vertretene Lehre, dass Jesus Christus als Sohn Gottes ganz klar Gott untergeordnet, also „subordiniert" sei, wurde einmütig als Irrlehre verurteilt und Arius aus Alexandria verbannt. Arius verbreitete jedoch seine Lehre mit Unterstützung der einflussreichen Bischöfe Eusebius von Nikomedia und Eusebius von Caesarea weiter, und die Kontroverse dehnte sich innerhalb kurzer Zeit auf den gesamten christlichen Osten aus.

Arius argumentierte aus der Position einer absolut monotheistischen Theologie, die keinerlei Verletzung der Einheit und Einzigkeit Gottes zulassen dürfe. Folgerichtig sprach er der Person Jesu Christi (als bloß "homoiousios"/ wesensähnlich) die Gottheit ab, und wies ihr nur die Rolle des vornehmsten aller Geschöpfe zu. In seinen philosophischen Argumenten ging er von platonischen und neuplatonischen Prämissen aus.

Die Gegner des Arius auf Seite von Athanasius hingegen argumentierten mit dem Begriff homo-ousios, eines Wesens (Wesensgleichheit). Die Homoousianer argumentierten, dass der Arianismus die christliche Gotteslehre nicht durch Monotheismus, sondern durch einen Polytheismus ersetze, da Gott und Jesus Christus für die Arianer völlig verschiedene Wesen sind, die beide verehrt werden. Daneben würden dadurch liturgische Traditionen wie die Taufe im Namen des Vaters, des Sohnes und des Heiligen Geistes oder Gebete zu Jesus Christus unsinnig.

Kaiser Konstantin persönlich appellierte an Bischof Alexander und Arius, sie sollten sich in der christologischen Frage um die Beziehung zwischen Gott und Jesus Christus einigen. Als er sah, dass eine gütliche Schlichtung nicht möglich war und der Streit auch in der Bevölkerung eskalierte, so dass er die Stabilität im Reich gefährdet sah, berief er 325 über 1800 Bischöfe zu einem allgemeinen Konzil nach Nicäa bei Konstantinopel ein.

Jedoch kamen nur 318 Bischöfe zusammen, und nach hitzigen Diskussionen setzte sich die Position des Alexander gegen die Anhänger des Arius, die Arianer, durch.

Das Konzil von Nicäa
Aufgrund einer Intervention Konstantins erarbeitete das Konzil schließlich die Formeln gezeugt aus dem Wesen des Vaters und gezeugt und ungeschaffen, wesenseins (griechisch ὁμοούσιος homoousios, von gleicher Substanz) mit dem Vater. Das Konzil betonte, dass der Sohn Teil der Dreieinigkeit sei und nicht Teil der Schöpfung.

Allen Arianern wurde mit der Exkommunikation gedroht, falls sie nicht dem Nicäischen Glaubensbekenntnis, das diese Lehre zusammenfasste, zustimmten. Arius stimmte nicht zu und wurde verbannt. Seine Schriften wurden verbrannt, auf ihren Besitz stand nunmehr die Todesstrafe (was allerdings in der Praxis vom Kaiser nicht durchgesetzt wurde, nachdem bereits vier Jahre später der Arianer Eusebius von Nikomedia sein Hofbischof war).

5.2 Kaiser Konstantin aus dem Sonnengott Sol Invictus wird Christus/Gott

Konstantin ließ sich erst auf dem Sterbebett taufen. Seine Mutter war Christin, während er selber den Sonnengott Sol anbetete. Von seiner Mutter hatte er von „Christos" gehört. Nach einer Legende soll er vor der Schlacht gegen Maxentius beim Blick in die Sonne, während des Gebetes zu Sol „Balken" gesehen haben, die er mit „Christos" in Verbindung brachte. Nach dem überraschenden Sieg erklärte er dies dem Papst und vereinigte so Staat und Kirche. Er identifizierte den christlichen Gott mit seinem Sonnengott. Aus seinem Verhalten in den Jahren nach dem Konzil, wo er einmal die Trinitarier und dann wieder die Arianer unterstützte, je nachdem, was ihm für den Frieden dienlicher schien, lässt sich schließen, dass er dogmatisch weder auf der einen noch auf der anderen Seite fest stand.

Belegt ist, dass dem Kaiser in erster Linie an Frieden und Einheit in der Kirche – und damit des Reiches – lag. In einem Brief schrieb er: „Mein Ziel war es, die unterschiedlichen Urteile unter allen Nationen, die die Gottheit verehren, zu einem Zustand der beschlossenen Einheit zu bringen, und zweitens, den gesunden Ton im Weltsystem wieder herzustellen." Dieses Ziel hat der Kaiser jedoch weder am Konzil noch in den Folgejahren erreicht.

Geburtstag
Als Geburtstag des Invictus (dies natalis Invicti) galt schon im 3. Jahrhundert der 25. Dezember. Auf dieses Datum hatte Julius Caesar bei seiner Kalenderreform den kürzesten Tag des Jahres (lateinisch bruma) festgelegt, den Tag der Winter-

sonnenwende. Zu Caesars Zeit hatte dieser Tag aber noch keine religiöse Bedeutung. Da ein Jahr des nach Caesar benannten Julianischen Kalenders etwas länger ist als ein astronomisches Jahr, wanderte die Sonnenwende im Lauf der folgenden Jahrhunderte nach vorn; in der Spätantike erreichte sie den 21. Dezember. Die astronomische Verschiebung wurde bei der Einführung des Geburtstagsfestes jedoch nicht berücksichtigt; man hielt sich vielmehr an die Überlieferung, nach der ab dem 25. Dezember die Tage wieder länger werden. Daher wurde dieser Tag zum staatlichen Festtag der Geburt des Sonnengottes. Der älteste Beleg für den Geburtstag ist eine Notiz in einem ägyptischen Kalender, die wohl spätestens im 3. Jahrhundert eingetragen wurde. Dort wird zum 25. Dezember vermerkt: „Geburtstag der Sonne; das Licht nimmt zu". Ein anderer Eintrag im selben Kalender verzeichnet jedoch die Wintersonnenwende für den 22. Dezember, denn dort war sie zur Entstehungszeit des Eintrags angekommen. Der Widerspruch ergibt sich daraus, dass der eine Eintrag den tatsächlichen astronomischen Sachverhalt wiedergibt, der andere das traditionelle kalendarische Datum. Zahlreiche Autoren, darunter auch spätantike christliche, hielten an der Annahme fest, dass der 25. Dezember als Datum der Wintersonnenwende anzusehen ist.

Ende des Sonnenkults

Kaiser Konstantin der Große war nach der Überwindung seines Gegners Maximian im Jahr 310 ein besonders eifriger Verehrer des Sol Invictus, den er anscheinend mit Apollo gleichsetzte. Zuvor hatte er insbesondere den Herkules-Kult betrieben. Er sah sich als irdischen Repräsentanten des Sonnengottes, unter dessen unablässigem Schutz er zu stehen glaubte. Seine Münzprägung lässt seine enge Verbindung mit dem Gott erkennen. Nach seinem Sieg über den Usurpator Maxentius in der Schlacht an der Milvischen Brücke im Jahr 312 verwendete Konstantin weiterhin solare Motive, ersetzte aber die traditionelle religiöse Terminologie durch eine unbestimmtere. So hob er auf seinem Triumphbogen den Sol Invictus noch bildlich hervor, nahm aber in der Inschrift des Bogens nicht namentlich auf ihn, sondern nur auf eine namenlose „Gottheit" (divinitas) Bezug. Unter dieser Gottheit konnte Sol, aber auch die oberste Gottheit der neuplatonisch orientierten Philosophen oder der Gott der Christen verstanden werden. Nach dem Sieg über den Rivalen Licinius im Jahr 323 und der Erringung der Alleinherrschaft endete die Prägung von Sol-Münzen weitgehend; die letzte bekannte Sol-Münze stammt aus dem Jahr 325.

Das nun an der Schwelle des endgültigen Sieges stehende Christentum der Spätantike ließ sich trotz der Übernahme einiger Elemente nicht mit der Sonnenreligion verschmelzen, sondern forderte deren Beseitigung und setzte sich damit schließlich durch. Eine vorübergehende Wiederbelebung des staatlichen Sonnenkults unter Kaiser Julian (361–363) konnte an dieser Entwicklung nichts ändern. Die Sonnenpriesterschaft bestand noch bis ins späte 4. Jahrhundert; 387 ist sie letztmals inschriftlich bezeugt. Spätestens seit dem Religionserlass Kaiser Theodosius' I. vom 8. November 392 war der Kult illegal. Dennoch gab es noch im 5. Jahrhundert zahlreiche Sol-Verehrer; der Kirchenvater Augustinus predigte gegen sie. Um die Mitte des 5. Jahrhunderts tadelte Papst Leo der Große die damals noch bei „einfacheren Seelen" in Rom verbreitete Gewohnheit, den Tag des Weihnachtsfestes „wegen des Aufgangs der, wie sie sagen, neuen Sonne" für verehrungswürdig zu halten. In der syrischen Stadt Baalbek (Heliopolis), einer Hochburg der paganen Kulte, endete die öffentliche Sol-Verehrung im dortigen Haupttempel erst, nachdem dieses Heiligtum mit dem Kultbild des Sol 554 oder 555 durch Blitzschlag – also nach damaliger Sichtweise durch göttliche Einwirkung – zerstört worden war. Auch nach dieser Katastrophe blieben die Sol-Anhänger in Baalbek noch jahrzehntelang in der Mehrheit, und noch im späten 6. Jahrhundert gab es im römischen Syrien einen von Anhängern des Sol invictus Mithras getragenen organisierten Widerstand gegen die Christianisierung, der von Kaiser Tiberios I. gewaltsam beendet wurde.

Beziehung zum Christentum

Religionsgeschichtlich bedeutsam ist die Übereinstimmung des Sol-Feiertags am 25. Dezember mit dem christlichen Weihnachtsfest. Der Tag der Geburt Christi ist unbekannt; die Festlegung auf den 25. Dezember erfolgte erst in der ersten Hälfte des 4. Jahrhunderts, nach der Konstantinischen Wende; diese Datierung findet sich erstmals im so genannten Chronographen von 354. Früher waren rein spekulativ verschiedene andere Tage angenommen worden. Da das Geburtstagsfest des Sol Invictus im frühen 4. Jahrhundert allgemein bestens bekannt war, ist nicht zu bezweifeln, dass die Übereinstimmung des Datums von christlicher Seite gewollt war. Christus wurde metaphorisch oft mit der Sonne verglichen, zumal da die biblische Prophezeiung „Aufgehen wird euch die Sonne der Gerechtigkeit" auf ihn bezogen wurde. Schon im Jahre 243 hatte Pseudo-Cyprian in seiner Schrift De pascha computus gerade diese Bibelstelle für die Berechnung von Christi Geburtstag herangezogen, wobei er aber auf den 28. März kam. Daher ist die Annahme sehr gut begründet, dass der Feiertag des Sol Invictus übernommen und „christianisiert" worden ist. Diese These hat sich allgemein durchgesetzt.

Auch die Ersetzung des Sabbats durch die christliche Feier des Sonntags, der 321 von Konstantin dem Großen als „verehrungswürdiger Tag der Sonne" durch Erlass zum öffentlichen Ruhetag erklärt wurde, ist als Anlehnung an den Sonnenkult gedeutet worden. Diese These hat sich aber wegen chronologischer Schwierigkeiten nicht allgemein durchsetzen können, da die christliche Sonntagsfeier sehr alt ist und auf die jüdische Woche zurückgeht.

Die Frage nach Kontinuität zwischen Sol-Verehrung und christlichem Brauch spielt in Gegenwart in Auseinandersetzungen um das Christentum eine Rolle. Für Christentumsgegner wie Karlheinz Deschner ist die Übereinstimmung des Weihnachtstags mit dem Festtag des Sol Invictus ein Argument für die Einschätzung des Christentums als synkretistisch. Vertreter dieser Position wollen dadurch zeigen, dass die frühen Christen Elemente älterer Religionen übernommen und miteinander verschmolzen haben und somit fremden Vorbildern folgten. Von christlicher Seite werden – abgesehen von Fundamentalisten – solche Beziehungen zu anderen Religionen nicht bestritten, sondern nur die daraus von den Gegnern abgeleiteten Folgerungen abgelehnt.

Ikonographische Indizien aus christlichen Grabstätten der Zeit vor Konstantin dem

Großen lassen erkennen, dass es damals noch weniger Berührungsängste gab als später: Abbildungen des personifizierten Sonnengottes kamen im 3. Jahrhundert gelegentlich in der künstlerischen Ausstattung christlicher Gräber vor, sie wurden somit damals zumindest von manchen Christen nicht als anstößig empfunden. Ob Christus dabei nicht nur in einem metaphorischen Sinn, sondern auch ontologisch mit Sol identifiziert wurde, ist jedoch unklar. Berühmt ist ein Gewölbemosaik des 3. Jahrhunderts im Mausoleum der Julier in der Vatikanischen Nekropole. Es zeigt einen als Christus zu deutenden Sol mit Nimbus und Strahlenkranz im von Ost nach West fahrenden Sonnenwagen; in der linken Hand hält er die Weltkugel. Diese Darstellung entspricht genau der traditionellen Sol-Ikonographie

5.3 Ägyptische Totenbuch / Woher die 10 Gebote kommen

Trotz grundlegender Verschiedenheiten zwischen den Vorstellungen der aktuellen Religionen vom Tod und den Altägyptischen, gibt es Parallelen. Im ägyptischen Totenbuch kann u. a. das „negative Sündenbekenntnis" nachgelesen werden. Der Tote berichtet dabei den 42 Richtergöttern beim Totengericht, welche Freveltaten er nicht begangen hat.

Der Herr des Totengerichtes ist Osiris; ihm stehen 42 Richter zur Seite, die auf dem schmalen Band über der Hauptszene sitzend abgebildet sind. Ganz rechts sieht man wieder die Verstorbene; sie kniet und beteuert, die Hände erhebend, ihre Unschuld von 42 Sünden; denn jeder der 42 Richter ist für eine spezielle Sünde zuständig.
Man nennt diese Unschuldserklärung auch "negative Beichte". Der oder die Tote spricht also vor den Totenrichtern:

Gruß dir du größter Gott, Herr der vollständigen Wahrheit! Ich bin zu dir gekommen; ich habe dir das Recht gebracht und das Unrecht vertrieben. Ich habe kein Unrecht gegen Menschen begangen und keine Tiere mißhandelt.
Ich habe nichts krummes anstelle von Recht getan . . .
(a) Ich habe nicht getötet und habe auch nicht zu töten befohlen; niemandem habe ich ein Leid angetan.
(b) Ich habe die Opferspeisen in den Tempeln nicht vermindert und die Götterbrote nicht angetastet
(C) Ich habe am Hohlmaß nichts hinzugefügt und nichts vermindert.
(d) Ich habe das Flächenmaß (den "Ar") nicht geschmälert und am Ackerland nichts verändert.
(e) Ich habe zu den Gewichten der Handwaage nichts hinzugefügt und das Lot der Standwaage nicht verschoben ...
Ich habe kein Unrecht getan.
(f) Ich habe nicht gestohlen.
Ich war nicht habgierig.

Ich habe mir nichts angeeignet.
Ich habe keine Menschen umgebracht.
Ich habe das Hohlmaß nicht verletzt
Ich habe mir keinen Tempelbesitz angeeignet.
Ich habe keine Lüge gesagt ...
Ich habe kein Gottesvieh getötet
Ich habe keinen Kornwucher begangen.
Ich habe die zugteilten Rationen nicht veruntreut.
Ich habe nicht die Frau eines anderen Mannes beschlafen.
Ich habe keine Unzucht getrieben ...
Ich habe nicht gleichgeschlechtlich verkehrt ...
Ich habe keinen Gott beleidigt.

Aus diesem negativen Bekenntnis wurden teilweise die 10 Gebote des Judentums und daraus wieder die 10 Gebote der römischen katholischen Kirche.

5.4 Fluchthilfe für Nationalsozialisten durch den Vatikan

Die Frage nach der Rolle des Vatikans, die sich angesichts der Beteiligung mehrerer kirchlicher Würdenträger an der Fluchthilfe für Nationalsozialisten stellt, kann noch nicht abschließend bewertet werden. Fest steht, dass Pius XII. und sein enger Mitarbeiter Giovanni Montini (der spätere Papst Paul VI.) Alois Hudal mit weitreichenden Kompetenzen ausstatteten, die es ihm ermöglichten, die Ausschleusung zu organisieren. Unklar bleibt, ob sie dabei im Detail wussten, wem die Hilfe zugute kam. Etwas Klarheit bringen die Studien Uki Goñis, der britisches Archivmaterial sichtete. Demnach wandte sich in vier Fällen das vatikanische Staatssekretariat auf diplomatischem Wege an die Londoner Regierung, um eine Ausweisung kroatischer Kriegsverbrecher aus alliierten Kriegsgefangenenlagern und eine Auslieferung an Jugoslawien zu verhindern. Umgekehrt beschwerte sich der britische Botschafter am Heiligen Stuhl gegenüber Domenico Tardini, dass in exterritorialen Einrichtungen des Vatikans jugoslawische Kollaborateure Zuflucht fänden, ohne dass daraufhin die kirchliche Hilfe für Faschisten unterblieb. Nach Auffassung Goñis lässt dies auf die stillschweigende Billigung des Papstes für Draganovićs Aktivitäten schließen.

Der amerikanische Geheimdienstagent Robert Clayton Mudd schleuste 1947 einen Spion in die kroatische Nationalkirche in Rom ein, von wo aus der Franziskaner Krunoslav Draganović die Flucht mehrerer Ustascha-Faschisten organisierte. Im Bericht heißt es, dass in mehreren Räumen der Einrichtung zahlreiche kroatische Faschisten anzutreffen seien. Unter ihnen auch ehemalige Minister und hochrangige Militärs des Ustascha-Staates. Der Bericht fährt fort, dass sich einige der Politiker zeitweise im Vatikan aufhielten und für die Reise von dort zur kroatischen Na-

tionalkirche die Fahrzeuge des diplomatischen Korps des Heiligen Stuhls benutzen
würden.

Aarons und Loftus führen in ihrem Buch „Unholy Trinity" Aussagen von Geistlichen
an, nach deren Angaben Pius XII. direkt Anweisung für die Organisation der Rat-
tenlinie gab. Ferner zeigen sie ein Bild, das Montini bei einem Besuch in der kroatischen Nationalkirche zeigt. Es soll zu der Zeit entstanden sein, in der sich dort
laut Mudds Geheimdienstbericht zahlreiche kroatische Faschisten aufhielten.

Am 25. Juli 1943 berichtete der deutsche Botschafter am Heiligen Stuhl, Ernst von
Weizsäcker, dem Auswärtigen Amt in Berlin, dass er von zwei Interventionen hör-
te, in denen das Vatikanische Staatssekretariat sich für Angehörige der Familie
Mussolinis und anderer Faschisten einsetzte. Ob derartige Interventionen stattfanden, ist nicht bekannt, teils wird darauf hingewiesen, dass Weizsäcker in Verbindung mit dem deutschen Widerstand stand und daher versuchte, Spannungen
zwischen Naziführung und Vatikan durch eigens gestreute Nachrichten abzubauen.

5.5 Glaubensinhalte der Mormonen – Joseph Smith

Das Buch Mormon beschreibt in Ergänzung und Fortsetzung der Bibel die Besied-
lung Amerikas und die Geschichte vergangener amerikanischer Kulturen. Eine erste Welle habe bereits unmittelbar nach dem Turmbau zu Babel stattgefunden, die
damals nach Amerika ausgewanderten Jarediten seien jedoch vor der zweiten
Welle ausgestorben. Diese kamen nach der Zerstörung Jerusalems durch den babylonischen König Nebukadnezar II. und dem Beginn des Babylonischen Exils im
Jahr 598 v. Chr. Die Reisegruppe gehörte zu den Verlorenen Stämmen Israels,
und teilte sich laut dem Buch Mormon in die Nephiten, die die Gebote Gottes hielten, und die vom Glauben abgefallenen Lamaniten. Erstere wurden von Jesus
Christus unmittelbar nach seiner Auferstehung besucht, wobei er ihnen einen Kern
des Evangeliums vermittelte, bevor er in den Himmel auffuhr. Im 5. Jahrhundert
sei es zum Kampf zwischen den Gruppen gekommen, wobei die Nephiten völlig
vernichtet wurden. Die Lamaniten seien von Gott mit einer dunklen Hautfarbe ge-
straft worden. Aus ihnen seien die Indianer hervorgegangen. Der letzte überle-
bende Nephit sei der Prophet Moroni gewesen, der die Geschichte auf goldenen
Platten in einer nur für Eingeweihte lesbaren Schrift aufgezeichnet hätte. Diese
Platten habe der als Engel auferstandene Moroni 1827 Joseph Smith, jr. gezeigt,
welcher sie in die englische Sprache übersetzte, bevor er sie zurückgeben musste.

Im Laufe seines Lebens fasste Smith 133 weitere Offenbarungen in seinem mehrfach ergänzten und überarbeiteten Werk Lehre und Bündnisse zusammen. Darunter sind Anordnungen über die Kirchenorganisation und Lebensweisen wie die Regelungen zur Mehrfachehe und die Taufe Verstorbener in Form lebender
Stellvertreter, um auch bereits Verstorbenen die Aufnahme in die Kirche und das

Ewige Leben zu ermöglichen. Smith kaufte eine Sammlung altägyptischer Papyri von einem Händler und veröffentlichte das Buch Abraham, in dem weitere Glaubensüberzeugungen in Form seiner Übersetzung eines der Papyri enthalten sind. Neben die Kirchenschriften treten Aufzeichnungen von Lehrgesprächen und Vorträgen Smiths.

Das Gottesbild der Mormonen ist durch ein Nebeneinander von Gott und Jesus Christus als verschiedene Personen geprägt, sowie die Möglichkeit der Gläubigen, selbst über die Erlösung hinaus zu göttlicher Würde aufzusteigen, so wie „Gott einst ein Mensch" war. Kritiker leiten daraus den Vorwurf des Polytheismus ab: „Die Mormonen verehren nur einen Gott, glauben aber, dass es neben diesem noch viele andere gibt, die wie er, erhöhte Menschen sind. Demnach war auch Gott selbst einmal ein Mensch, der durch Lernen, Prüfung und Wachstum zu einem Gott herangereift ist."

Die Mormonen bezeichnen sich selbst entschieden als Christen und sehen sich selbst durch die Offenbarungen Jesu Christi im Besitz der ursprünglichen christlichen Glaubensinhalte. Sie sind daher einer Wiederherstellungsbewegung zuzurechnen, die nach eigener Überzeugung ein Urchristentum bewahren. Demgegenüber verweisen die großen christlichen Kirchen darauf, dass nach dem Neuen Testament die christlichen Glaubensgrundsätze mit Jesus Christus abgeschlossen seien und daher Neuoffenbarungen nicht möglich wären. Außerdem wären mormonische Überzeugungen zum Wesen Gottes mit der christlichen Vorstellung der Trinität und zur Erlösung durch die Gnade Gottes nicht mit christlichen Grundsätzen vereinbar. Die Mormonischen Kirchen haben auch nie das ökumenische Glaubensbekenntnis anerkannt. Die großen christlichen Kirchen halten das Mormonentum daher nicht für eine christliche Religion sondern für eine „eigenständige, synkretistische Neu-Religion" und erkennen seine Mitglieder nicht als getaufte Christen an. Diese Position vertreten die römisch-katholische Kirche, die Vereinigte Evangelisch-Lutherische Kirche Deutschlands, die Evangelisch-methodistische Kirche und die Presbyterian Church. Dagegen hielten 2007 52 % der US-Amerikaner Mormonen für Christen, während 31 % dies ablehnen.

5.6 Glaubensinhalte von Scientology – Der Xenu-Mythos

Detailliert wird die Geschichte von Xenu in Hubbards vertraulichem Vortrag Assists (Hilfestellungen) vom 3. Oktober 1968 abgehandelt. Direkte Zitate in diesem Abschnitt sind aus diesen Quellen.

Vor 75 Millionen Jahren soll Xenu der Herrscher einer galaktischen Konföderation gewesen sein, die aus 26 Sternen und 76 Planeten, die heute als Sektor 9 bekannt sind, bestanden habe, einschließlich der Erde, die damals als Teegeeack bekannt gewesen sein soll. Die Planeten sollen überbevölkert gewesen sein, auf jedem sollen durchschnittlich 178 Milliarden Menschen gelebt haben. Die Zivilisation der galaktischen Konföderation soll mit der unsrigen vergleichbar gewesen sein mit Leuten „die in Kleidern herum liefen, die den Kleidern, die sie am heutigen Tag tragen, bemerkenswert ähnlich sind" und Autos, Zügen, und Schiffen die genau so aussahen wie die „circa 1950, 1960 auf der Erde."

Xenu soll in Gefahr geraten sein, abgesetzt zu werden, und so soll er einen Plan ausgearbeitet haben, die überschüssige Bevölkerung aus seinem Herrschaftsbereich zu eliminieren. Mit der Hilfe von „Überläufern" soll er die Bevölkerung und die „loyalen Offiziere", eine Kraft für das Gute, die in Opposition zu Xenu gestanden haben soll, besiegt haben. Mit der Hilfe von Psychiatern soll er Millionen von Menschen unter dem Vorwand einer „Einkommensteuer-Inspektion" vorgeladen haben, um sie mit Injektionen von Alkohol und Glykol zu lähmen. Die gekidnappte Bevölkerung soll in Raumschiffe verladen worden sein, um sie nach Teegeeack (Erde) zu transportieren, dem vorgesehenen Ort der Vernichtung. Diese Raumschiffe sollen wie die Douglas DC-8 ausgesehen haben, „außer dass die DC-8 Triebwerke und Propeller hatte und das Raumschiff nicht"

Nachdem die Raumschiffe Teegeeack erreicht haben sollen, sollen die gelähmten Leute ausgeladen worden sein und über den ganzen Planeten verteilt am Fuß von Vulkanen aufgehäuft worden sein. Dann sollen Wasserstoffbomben in die Vulkane versenkt worden sein, die alle gleichzeitig detoniert sein sollen. Nur wenige sollen überlebt haben.

Die jetzt entkörperten Seelen der Opfer, die Hubbard „Thetane" nennt, sollen durch die Explosion in die Luft geblasen worden sein. Sie sollen durch Xenus Streitkräfte mittels eines „elektronischen Bands (das auch eine Art von stehender Welle war)" und in „Vakuum-Zonen" um die Erde herum eingesaugt worden sein. Die Hunderte von Milliarden gefangener Thetane sollen zu einer Art Kino gebracht worden sein, wo sie gezwungen worden sein sollen, 36 Tage lang einen „dreidimensionalen superkolossalen Film" anzusehen. Das soll in das Gedächtnis der unglücklichen Thetane etwas eingepflanzt haben, was Hubbard „verschiedene irreführende Informationen" nannte, die kollektiv als „R6 Implant" bezeichnet worden sein sollen, „was mit Gott, dem Teufel, Science Fiction usw. zu tun hat". Das solle alle „Weltreligionen" eingeschlossen haben, wobei Hubbard insbesondere die römisch-katholische Kirche und das Bild der Kreuzigung auf den Einfluss von Xenu zurückführt. Die Innendekoration „aller modernen Kinos" soll gemäß Hubbard ebenfalls verursacht sein durch eine unbewusste Erinnerung an Xenus Implants. Die beiden „Implant-Stationen", die Hubbard erwähnt, hätten sich auf Hawaii und Las Palmas auf den Kanarischen Inseln befunden.

Abgesehen vom Einpflanzen neuer Glaubensinhalte in die Thetans sollen sie durch die Bilder ihres Identitätssinnes beraubt worden sein. Als die Thetane die Projektionsgebiete verließen, sollen sie begonnen haben sich in Schwärmen von einigen Tausend zu gruppieren, da sie die Fähigkeit verloren hätten, sich voneinander zu differenzieren. Jeder Schwarm von Thetans soll sich in einem der wenigen Körper, die die Explosion überlebt haben sollen, gesammelt haben. Diese wurden das, was als „Körperthetane" bezeichnet wird, die sich bis heute an jedermann anhängen sollen und ihn nachteilig beeinflussen sollen, abgesehen von den Scientologen, die die nötigen Schritte ausgeführt haben sollen, um sie zu entfernen.

Die „Loyalen Beamten" sollen Xenu schließlich gestürzt haben und ihn in einen Berg eingeschlossen haben, wo er für immer gefangen gehalten werden soll durch ein Kraftfeld, das von einer ewigen Batterie Energie beziehen soll. Manche behaupten, Xenu sei auf der Erde in den Pyrenäen gefangen, aber Hubbard erwähnt nur „einen dieser Planeten" der galaktischen Konföderation. Er erwähnt jedoch, dass die Pyrenäen der Ort gewesen seien, wo sich die letzte „Mars-Rapport-Station" befunden habe, was vermutlich die Ursache dieser Verwirrung ist.

Teegeeack/Erde soll schließlich von der galaktischen Konföderation verlassen worden sein und bis heute ein ausgestoßener Gefängnisplanet geblieben sein, obwohl sie zwischenzeitlich wiederholt unter feindlichen Einfällen durch außerirdische „invader forces" gelitten habe.

Enthüllung

Trotz der Bemühungen Scientologys, die Lehre geheimzuhalten, ist der Inhalt über die Jahre durchgesickert. OT III wurde zuerst 1972 von Robert Kaufmans Buch Inside Scientology veröffentlicht, in dem Kaufman detailliert seine Erfahrungen mit OT III niederschrieb. 1981 berichtete die Zeitung Clearwater Sun darüber in einem Artikel. Einen größeren Bekanntheitsgrad erreichte die Lehre durch einen Gerichtsprozess, der 1985 von Lawrence Wollersheim – einem ehemaligen Scientologen – gegen Scientology geführt wurde. In diesem wurden interne Schriftstücke, die OT III beschreiben, als Beweismittel vorgelegt. Scientology versuchte die Akte unter Verschluss zu halten, indem die Gerichtsakten ständig durch einen "Leser" ausgeliehen wurden. Das Vorhaben scheiterte, als die Los Angeles Times über dieses Vorgehen berichtete. Der Text wurde in ausführlicher Form in William Poundstones Buch Bigger Secrets auf Basis besagter Gerichtsakten veröffentlicht.

5.7 Die Konstantinische Schenkung – Der Vatikan fälscht Dokumente

Die Konstantinische Schenkung (lateinisch Constitutum Constantini bzw. Donatio Constantini ad Silvestrem I papam) ist eine um das Jahr 800 gefälschte Urkunde, die angeblich in den Jahren 315/317 vom römischen Kaiser Konstantin I. ausgestellt wurde. Darin wird Papst Silvester I. und seinen sämtlichen Nachfolgern eine auf das Geistliche hingeordnete, aber auch politisch wirksame Oberherrschaft über Rom, Italien und die gesamte Westhälfte des Römischen Reichs geschenkt.

Die Päpste nutzten die Urkunde, um ihre Vormacht in der Christenheit und territoriale Ansprüche zu begründen. „Die Konstantinische Schenkung war ein Symbol für die irdische Gestalt der Kirche, kein Besitztitel für den Kirchenstaat" (Horst Fuhrmann).

Inhalt

Die in den Quellen gebrauchte Bezeichnung des Dokumentes lautet Constitutum Constantini (Bestimmung Konstantins). Das Dokument besteht aus zwei gleich großen Teilen, einer Confessio (Glaubensbekenntnis) und einer Donatio (Schenkung). Von dem Donationsteil leitet sich der gängige Name Konstantinische Schenkung ab. Von dem Glaubensbekenntnis (Confessio) gibt es weit über 300 Handschriften in lateinischer, griechischer, syrischer und armenischer Fassung sowie in weiteren volkssprachlichen Versionen.

In dem Confessio-Teil steht, dass Kaiser Konstantin als Christenverfolger gegen Ende seines Lebens vom Aussatz befallen wurde. Die römisch-heidnischen Kapitolinischen Priester raten ihm, im Blute unschuldiger Kinder zu baden, doch wird er von der Klage der Mütter von Mitleid ergriffen, und er schickt Mütter und Kinder nach Hause. Wie zum Lohn wurde er in einem nächtlichen Traum von den ihm erscheinenden Aposteln Petrus und Paulus an Papst Silvester I., der ihm helfen könne, verwiesen. Silvester hält sich am Berg Soracte vor der Christenverfolgung verborgen. Konstantin lässt Silvester herbeiholen, der ihn durch ein Taufbad heilt. Anders als in Wirklichkeit also lässt sich Konstantin nicht erst unmittelbar vor seinem Ende taufen. In Wirklichkeit wurde Konstantin erst auf dem Sterbebett von Bischof Eusebius von Nikomedia getauft. Für die Überlieferung ist er der erste als Christ handelnde Kaiser. Nach der Heilung bekennt Konstantin den christlichen trinitarischen Glauben und schärft ein, dass mit Petrus auch Silvester die Binde- und Lösegewalt erhalten habe.

Aus Dankbarkeit, so wird im zweiten Teil erklärt, habe Konstantin dem römischen Bischof den Vorrang über alle anderen Kirchen, d. h. über die Patriarchate von Konstantinopel, Antiochia, Alexandria und Jerusalem verliehen. Außerdem bekam der Papst die kaiserlichen Insignien und Vorrechte verliehen (das Diadem, den Purpurmantel, das Zepter und das Prozessionsrecht). Schließlich wurde ihm auch die Herrschaft über ganz Italien und den gesamten Westen überlassen. Konstantin überlässt ihm auch den Lateranpalast und leistet als Zeichen der Unterwürfigkeit den Stratordienst, d. h. den rituellen Dienst eines Stallknechts, indem er das päpstliche Pferd führt. Konstantin verlegt seinen Regierungssitz von Rom nach Konstantinopel im Ostteil des Reiches, während Silvester die Herrschaft über den Westen (das Abendland) antritt.

Das gefälschte Dokument begründet somit den Anspruch der römischen Kirche auf Ländereien und die Weisungsbefugnis über alle anderen Ortskirchen und verleiht dem Papst einen Rang, der dem kaiserlichen vergleichbar ist.

Wirkung im Mittelalter

Möglicherweise spielte die Konstantinische Schenkung bereits in den fünfziger Jahren des 8. Jahrhunderts eine Rolle, als Papst Stephan II. sich mit dem Frankenkönig Pippin III. verbündete und Pippin dem Papst die Herrschaft über vorher langobardische Gebiete in Mittelitalien überließ. Manche Forscher meinen aber, dass die Fälschung erst im späten achten Jahrhundert oder zu Beginn des neunten angefertigt wurde.

Der erste nachweisliche Bezug findet sich in einer Urkunde von Papst Benedikt VII. an einen spanischen Empfänger vom April 979. Diese lehnt sich im Pönformular ausführlich an den Text der Konstantinischen Schenkung an. Das Exzerpt war jedoch rechtlich unerheblich und rein diplomatischer Schmuck.

Kaiser Otto III. bestritt 1001 die Rechtsgültigkeit der Konstantinischen Schenkung, doch war dies nur seine persönliche Meinung und blieb folgenlos, da Otto schon im Januar 1002 starb.

Mit voller Wucht wird indes das Constitutum vorgetragen im großen Streit zwischen dem byzantinischen Patriarchen Michael Kerullarios und Papst Leo IX. bzw. dessen Vertreter und Abgesandten, dem Kardinal Humbert von Silva Candida (1053/1054), der nach Konstantinopel gereist war. Es ging bei diesem Streit zwischen Ost und West zunächst um liturgische Fragen und um die Verwendung gesäuerten oder ungesäuerten Brotes bei der Eucharistie. Doch bald rückte das Problem des Primats des römischen Bischofs in den Mittelpunkt, und Humbert zitierte den Text des Constitutum im römisch-petrinischen Sinne: Zunächst stellte er die Reihenfolge der Patriarchensitze um, wobei er Konstantinopel - offenbar in erniedrigender Absicht - ans Ende setzte: Rom, Alexandrien und nach dem Kleinpatriarchat von Jerusalem das große Konstantinopel. (Dass es um die Rangordnung ging, wird deutlich, als der Patriarch Michael Kerullarios Kaiserinsignien anlegte, entsprechend den Emblemen, die dem Papst von Konstantin Silvester und seinen Nachfolgern übertragen waren.) Der immer höher eskalierende Streit endete mit einer gegenseitigen Verfluchung der beiden Kirchen 1054, die als Schisma angesehen wurde, welches bis heute mehr oder minder andauert.

Von der Mitte des 11. Jahrhunderts an beriefen sich die Päpste bis zum Spätmittelalter nunmehr regelmäßig auf die Konstantinische Schenkung, sowohl zur Begründung territorialer Forderungen als auch im Konflikt mit den Patriarchen von Konstantinopel. Spätestens im 11. Jahrhundert wurde die Konstantinische Schenkung somit ein fester Bestandteil des Kirchenrechts. Daran änderte der Nachweis der Fälschung um 1440 zunächst nichts. Grund dafür ist das mittelalterliche Rechtsverständnis: bei Urkunden kam es auf den (plausiblen) Inhalt, nicht die Herkunft an. Fälschungen waren nicht ungewöhnlich und in der Regel juristisch vollständig inkorporiert.

Im Mittelalter haben außer Otto III. nur Häretiker und einzelne Gegner des Papsttums in Italien die Konstantinische Schenkung verworfen. Trotz der schweren jahrhundertelangen Konflikte des Papsttums mit dem Kaisertum und seinen Streitigkeiten mit französischen und englischen Königen hat keiner dieser Herrscher versucht, die Echtheit der Urkunde zu bestreiten. Jedoch kamen immer wieder Fälschungsvorwürfe auf aus verschiedenen Gründen. Sie konnten von der teilweise irreführenden Einordnung in den pseudoisidorischen Dekretalen (einem der im

Frühmittelalter am weitesten verbreiteten Kirchenrechtsbücher) veranlasst sein. Das Constitutum Constantini steht dort nach einem Brief des Vorgängerpapstes von Silvester Melchiades (310-314) und nach einem Traktat über das Konzil von Nikäa (325), der bereits präzise von dem Schenkungsakt des Konstantin an Silvester spricht. Das brachte römische Kreise auf die Idee, in der Konstantinischen Schenkung eine Fälschung zu sehen. Sie sei eine Lüge und eine ketzerische Fabel, worüber in Rom "selbst die Krämer und die Marktweiber offen redeten" - so wurde Friedrich Barbarossa bei seiner Thronbesteigung 1152 berichtet. Eine stadtrömische Freiheitsbewegung wollte in der Mitte des 12. Jahrhunderts sämtliche Schenkungen an Papst Silvester rückgängig machen.

Nachweis der Fälschung
Erst zwei Gelehrte des 15. Jahrhunderts, zuerst 1433 der deutsche Theologe und Philosoph Nikolaus von Kues in De Concordantia Catholica und dann um 1440 der italienische Humanist Lorenzo Valla, wiesen nach, dass die Schenkung eine Fälschung ist. Valla zeigte mit sprachlichen Argumenten, dass das Latein der Urkunde Merkmale zeigt, die die Entstehung im frühen 4. Jahrhundert ausschließen. Außerdem wird in der Urkunde Konstantinopel unter diesem Namen erwähnt, obwohl es zur angeblichen Ausstellungszeit (315/317) noch Byzanz hieß. Erst durch die Reformation wurde Vallas Erkenntnis weiteren Kreisen bekannt. Der Reichsritter Ulrich von Hutten gab in seinem kompromisslosen Kampf gegen den Papst Vallas Schrift De donatione Constantini ab 1521 neu heraus. Seit dem frühen 17. Jahrhundert vertrat die katholische Kirche die Auffassung, die Urkunde sei zwar gefälscht, doch habe es wirklich eine Schenkung Konstantins gegeben, und die Fälschung sei von den Griechen begangen worden, also nicht im Dienst des Papsttums. Erst im 19. Jahrhundert hat der katholische Gelehrte Ignaz Döllinger nachgewiesen, dass die Behauptung eines griechischen Ursprungs und nachträglicher Übersetzung ins Lateinische haltlos ist. Der Vatikan hat im selben Jahrhundert die Fälschung festgestellt.

5.8 Dictatus Papae – Der Vatikan wird größenwahnsinnig

Als Dictatus Papae bezeichnet man ein Schriftstück, das sich im Briefregister Papst Gregors VII. unter den Briefen vom März 1075 findet. Die Überschrift Dictatus Papae legt nahe, dass es sich dabei um ein Eigendiktat Gregors handelt. Der Text war wahrscheinlich nicht zur Veröffentlichung außerhalb der Kurie bestimmt. Trotzdem hatte er einen großen Einfluss auf die Vorgehensweise von Papst Gregor VII.

Papst Gregor VII.
11. Jhd. Jeder der 27 kurzen und prägnanten Sätze beginnt mit „quod (lat. dass)" und gibt – offenbar ohne besondere Ordnung – Gregors Vorstellungen über die Stellung des Papstes innerhalb der Kirche und im Verhältnis zum Kaiser wieder.

Mit den Leitsätzen 8, 9 und 12 stellt er sich sogar über den – nach damaliger Auffassung von Gott eingesetzten – Kaiser und macht seinen Herrschaftsanspruch auch über den weltlichen Staat geltend.

Diese Leitsätze „zeichnen sich durch eine atemberaubende Kühnheit aus, die von der Rechtstradition durchaus nicht immer abgedeckt ist", wie Horst Fuhrmann formuliert; tatsächlich beruhen die meisten Thesen auf der damaligen kanonistischen Tradition, unter anderem auf den pseudoisidorischen Dekretalen. Noch Gregor der Große, von dem Gregor VII. den Großteil seiner Zitate übernommen hatte, hatte den Universalepiskopat, d.h. die unmittelbare bischöfliche Gewalt über die gesamte Kirche, als „töricht und anmaßend" bezeichnet. Trotz aller Einwände (s. Episkopalismus) konnten sich Gregor und seine Nachfolger mit ihren kirchlichen Forderungen durchsetzen. Das Erste Vatikanische Konzil (1870) erhob den Lehr- und Jurisdiktionsprimat des Papstes zum Dogma. Den politischen Herrschaftsanspruch des Dictatus (Sätze 8, 9, 12) hat der Gang der Geschichte erledigt. Die theologische Absicherung des Lehr-und Jurisdiktionsprimats geschah im Laufe der Kirchengeschichte nicht mehr mit Hilfe gefälschter Quellen.

Text des Dictatus Papae. Das Original befindet sich im vatikanischen Archiv.
1 Quod Romana ecclesia a solo Domino sit fundata. Dass die römische Kirche vom Herrn allein gegründet worden ist.
2 Quod solus Romanus pontifex iure dicatur universalis. Dass allein der römische Papst mit Recht "universal" genannt wird.
3 Quod ille solus possit deponere episcopos vel reconciliare. Dass er allein Bischöfe absetzen und wieder einsetzen kann.
4 Quod legatus eius omnibus episcopis presit in concilio etiam inferioris gradus et adversus eos sententiam depositionis possit dare. Dass sein Gesandter auf einem Konzil den Vorrang vor allen Bischöfen hat, auch wenn er einen niedrigeren Weihegrad hat, und dass er gegen sie ein Absetzungsurteil fällen kann.
5 Quod absentes papa possit deponere. Dass der Papst Abwesende absetzen kann.
6 Quod cum excommunicatis ab illo inter caetera nec in eadem domo debemus manere. Dass Wir mit von ihm Exkommunizierten unter anderem nicht in demselben Haus bleiben dürfen.
7 Quod illi soli licet pro temporis necessitate novas leges condere, novas plebes congregare, de canonica abbatiam facere et e contra, divitem episcopatum dividere et inopes unire. Dass es allein ihm erlaubt ist, entsprechend den Erfordernissen der Zeit, neue Gesetze zu erlassen, neue Gemeinden zu bilden, ein Kanonikerstift zur Abtei zu machen und umgekehrt, ein reiches Bistum zu teilen und arme zu vereinigen.
8 Quod solus possit uti imperialibus insigniis. Dass er allein die kaiserlichen Herrschaftszeichen verwenden kann.
9 Quod solius papae pedes omnes principes deosculentur. Dass alle Fürsten nur des Papstes Füße küssen.
10 Quod illius solius nomen in ecclesiis recitetur. Dass in den Kirchen allein sein Name genannt wird.
11 Quod hoc unicum est nomen in mundo. Dass dieser Name einzigartig ist auf der Welt.

12 Quod illi liceat imperatores deponere. Dass es ihm erlaubt ist, Kaiser abzusetzen.

13 Quod illi liceat de sede ad sedem necessitate cogente episcopos transmutare. Dass es ihm erlaubt ist, bei dringender Notwendigkeit Bischöfe von einem Sitz zum anderen zu versetzen.

14 Quod de omni ecclesia quocunque voluerit clericum valeat ordinare. Dass er jeden beliebigen Kleriker aus allen Diözesen weihen kann.

15 Quod ab illo ordinatus alii ecclesiae preesse potest, sed non militare; et quod ab aliquo episcopo non debet superiorem gradum accipere. Dass ein von ihm Geweihter einer anderen Kirche vorstehen, aber ihr nicht dienen kann; und dass er von einem anderen Bischof keinen höheren Weihegrad annehmen darf.

16 Quod nulla synodus absque precepto eius debet generalis vocari. Dass keine Synode ohne sein Geheiß universal genannt werden darf.

17 Quod nullum capitulum nullusque liber canonicus habeatur absque illius auctoritate. Dass kein Rechtssatz und kein Buch ohne seine Autorisierung für kanonisch gilt.

18 Quod sententia illius a nullo debeat retractari et ipse omnium solus retractare possit. Dass sein Urteilsspruch von niemandem widerrufen werden darf und er selbst als einziger die Urteile aller widerrufen kann.

19 Quod a nemine ipse iudicari debeat. Dass er von niemandem gerichtet werden darf.

20 Quod nullus audeat condemnare apostolicam sedem apellantem. Dass niemand es wage, jemanden zu verurteilen, der an den apostolischen Stuhl appelliert.

21 Quod maiores cause cuiuscunque ecclesiae ad eam referri debeant. Dass die wichtigen Streitfragen jeder Kirche an ihn übertragen werden müssen.

22 Quod Romana ecclesia nunquam erravit nec imperpetuum scriptura testante errabit. Dass die römische Kirche niemals in Irrtum verfallen ist und nach dem Zeugnis der Schrift niemals irren wird.

23 Quod Romanus pontifex, si canonice fuerit ordinatus, meritis beati Petri indubitanter efficitur sanctus testante sancto Ennodio Papiensi episcopo ei multis sanctis patribus faventibus, sicut in decretis beati Symachi pape continetur. Dass der römische Bischof, falls er kanonisch eingesetzt ist, durch die Verdienste des heiligen Petrus unzweifelhaft heilig wird, nach dem Zeugnis des heiligen Bischofs Ennodius von Pavia, dem viele heilige Väter beistimmen, wie aus den Dekreten des heiligen Papstes Symmachus hervorgeht.

24 Quod illius precepto et licentia subiectis liceat accusare. Dass es auf sein Geheiß und mit seiner Erlaubnis Untergebenen erlaubt ist Klage zu erheben.

25 Quod absque synodali conventu possit episcopos deponere et reconciliare. Dass er ohne Synode Bischöfe absetzen und wieder einsetzen kann.

26 Quod catholicus non habeatur, qui non concordat Romanae ecclesiae. Dass nicht für katholisch gilt, wer sich nicht in Übereinstimmung mit der römischen Kirche befindet.

27 Quod a fidelitate iniquorum subiectos potest absolvere. Dass er Untergebene vom Treueid gegenüber Sündern lösen kann.

6.0 WIRTSCHAFT

6.1 Erster Opiumkrieg – Opiumimport zur Durchsetzung der kolonialen Wirtschaftsinteressen

Der Erste Opiumkrieg war ein militärischer Konflikt zwischen Großbritannien und dem Kaiserreich China der Qing-Dynastie von 1839 bis 1842. Als Ergebnis des Kriegs wurde China zur Öffnung seiner Märkte und insbesondere zur Duldung des Opiumhandels gezwungen.

Vorgeschichte
Kaiser Daoguang (1820–1850)Seit dem ersten Auftreten europäischer Kaufleute vor den Küsten des Kaiserreichs China im 16. Jahrhundert hatte das Reich der Mitte den Seehandel mit dem Ausland vielfältigen Restriktionen unterworfen. Zuletzt war er nur noch über den Hafen von Kanton möglich. Die Europäer mussten dort in einer Art Ghetto leben und sich bei der Kommunikation mit den chinesischen Handelshäusern der Vermittlung durch Kaufleute der so genannten Cohong-Gilde sowie vom Hof bestellter Handelsbeamter, sogenannte Hoppos, bedienen. Deren vielfältigen Schikanen, etwa administrativen Preisfestsetzungen, waren sie in aller Regel hilflos ausgeliefert.

Bis ca. 1820 war die bilaterale Handelsbilanz stets deutlich zugunsten der Chinesen ausgefallen, da die Europäer deren begehrten Exportartikeln wie Tee und Seide meist wenig entgegenzusetzen hatten. Die damit verbundenen Devisenabflüsse nach China führten in Europa zu einer spürbaren Silberverknappung, die wiederum fatale Auswirkungen auf die dortigen Volkswirtschaften hatte.

Im Jahre 1820 verbot die chinesische Regierung die Einfuhr von Opium. Da es zum größten Teil über die britische East India Company aus Indien kam, provozierte England den sogenannten Opiumkrieg, mit dem China zur Abnahme von bengalischem Opium aus der Kronkolonie gezwungen wurde. Allein zwischen 1821 und 1837 verfünffachte sich die importierte Menge. Dies führte zu zunehmenden Problemen in der chinesischen Verwaltung und zu einem Handelsbilanzdefizit auf chinesischer Seite. Nicht zuletzt aus Besorgnis um den Abfluss von Silber ins Ausland bemühte sich Kaiser Daoguang jahrelang nachdrücklich, aber mit mäßigem Erfolg, um eine Eindämmung des Opiumhandels: Der britische Opiumhandel wuchs unbehindert weiter.

Anlass
Lin Zexu1838 entsandte der Kaiser daher schließlich den Spitzenbeamten Lin Zexu als Sonderkommissar nach Kanton. Gegen die chinesischen Konsumenten und Zwischenhändler hatte seine auf einer Mischung aus Aufklärung und Repression aufbauende Kampagne noch relativ viel Erfolg: Bis Mitte Juli 1839 waren über 1.600 Chinesen verhaftet sowie 73.000 kg Opium und 70.000 Opiumpfeifen beschlagnahmt.

Aufgrund ihrer wirtschaftlichen Interessen zeigten sich die ausländischen Händler wenig kooperativ und forcierten die illegale Opiumeinfuhr nach China massiv weiter. Die Situation eskalierte, als Lin am 24. März 1839 aufgrund eines kaiserlichen Edikts vom 18. März, das Ausländern den Opiumhandel in China verbot, 350 in den Opiumhandel verwickelte Ausländer in ihren Faktoreien internieren ließ. Nur so gelang es ihm, die Herausgabe von über 22.000 Kisten (= 1400 Tonnen) Opium vom britischen Superintendenten für den Handel Charles Elliot zu erreichen, offiziell um die chinesische Bevölkerung vor weiterer Drogenabhängigkeit zu beschützen. Das Opium ließ er vom 3. bis zum 23. Juni 1839 in der Nähe von Humen verbrennen und anschließend ins Meer spülen.

Verlauf
Trotz energischer Intervention der überwiegend britischen Opiumhändler und der Ostindienkompanie sah das britische Unterhaus von einer förmlichen Kriegserklärung an China ab. Es bewilligte lediglich die Entsendung eines Flottenverbands, der vom Kaiser „Genugtuung und Wiedergutmachung" fordern und gegebenenfalls chinesisches Eigentum als Pfand nehmen sollte.

Im Sommer 1839 stach Admiral George Elliot mit 16 Kriegsschiffen, die über 540 Kanonen und 4.000 Mann Besatzung verfügten, in See. Zeitgleich besetzte am 23. August sein Vetter, Superintendent Charles Elliot, Hongkong Island als Operationsbasis. In diesem Zusammenhang wurde ein Chinese von betrunkenen britischen Matrosen ermordet. Großbritannien weigerte sich jedoch, die Täter an die chinesische Justiz auszuliefern und stellte sie in Kanton vor ein britisches Gericht. Im Juni 1840 traf die britische Flotte in China ein, wo sie nach Scharmützeln mit chinesischen Kriegsdschunken jeweils durch Zurücklassen einiger Schiffe nacheinander die Mündungen des Perlflusses (Hongkong), des Yangzi (Ningbo und Zhoushan) und schließlich des Beihai (Tianjin) sicherte.

Im Januar 1841 schloss Charles Elliot mit dem Generalgouverneur von Tianjin, Qishan, ein Abkommen, in dem sich die Chinesen zur Abtretung Hongkongs, zur Zahlung einer Kriegsentschädigung von 6 Mio. Silberdollar sowie zur Gewährung direkter Kontakte der Europäer zur Qing-Regierung verpflichteten. Das Abkommen stieß bei Kaiser Daoguang wie beim britischen Premierminister Palmerston gleichermaßen auf Ablehnung. Letzterer ersetzte daraufhin Charles Elliot durch Sir Henry Pottinger und beauftragte diesen mit der Fortsetzung des Krieges.

Sir Henry PottingerEnde August 1841 eroberte Pottingers Flotte die Städte Xiamen, Ningbo und Zhoushan und blockierte mehrere wichtige Wasserwege. Nach Eintreffen von Verstärkungstruppen aus Indien fielen im Sommer 1842 Shanghai und Zhenjiang. Ein Verhandlungsangebot Chinas wurde ausgeschlagen, vielmehr drangen die Briten im August bis Nanjing vor. Am 29. August 1842 endete der Krieg mit dem Vertrag von Nanking, dem ersten der sog. Ungleichen Verträge. Er verpflichtete die Chinesen unter anderem zur Öffnung der Handelshäfen Kanton, Xiamen, Fuzhou, Shanghai und Ningbo für Ausländer, zur Duldung weitgehend unbeschränkten Handels, zur Abtretung Hongkongs sowie zu Reparationszahlungen.

Folgen

Der Erste Opiumkrieg leitete den Niedergang Chinas von der einst unumschränk-
ten Hegemonialmacht Asiens zu einer informellen Kolonie westlicher Mächte ein,
die China bis zur Wende zum 20. Jahrhundert bleiben sollte. Das seit Menschen-
gedenken währende Bewusstsein der eigenen Überlegenheit gegenüber den „Bar-
baren" (Sinozentrismus) wurde nicht zuletzt durch die Leichtigkeit, mit der die britischen Truppen China besiegten, nachhaltig erschüttert. Beeinträchtigt wurde
insbesondere auch die Reputation der mandschurisch-fremdherrschaftlichen Qing-
Dynastie, was – neben dem weiterhin erzwungenen Import von Opium durch die
Briten – zu erheblicher innenpolitischer Instabilität führte und möglicherweise
auch zum Taiping-Aufstand und anderen Unruhen beitrug.

Gleichzeitig trat China durch die erzwungene Öffnung seiner Märkte und seiner
Gesellschaft unfreiwillig aus seiner selbstgewählten wirtschaftlichen Isolation gegenüber den Europäern heraus und fand langfristig Anschluss an die Entwicklungen der Moderne. China war gezwungen, seinen wirtschaftlichen Protektionismus
aufzugeben. Nicht umsonst beginnt daher nach der chinesischen Geschichtsschrei-
bung mit dem Ersten Opiumkrieg die „Neuere Geschichte" Chinas.

Was jedoch bei den Chinesen und anderen Völkern der Region bis heute in Erinnerung bleibt, sind die eingesetzten Mittel, mit denen die Öffnung Chinas erfolgte:
mit militärischer Gewalt durchgesetzter Opiumimport zur Durchsetzung der kolonialen Wirtschaftsinteressen.

6.2 Goldverbot in den USA

Im Rahmen der offiziellen Goldstandardwährung existierten seit dem „Currency
Act" im Jahre 1900 Golddollars als Kurantmünzen. Seit etwa 1900 waren alle geprägten Silberdollar und deren Untereinheiten bis zum 1-Cent-Stück Scheidemün-
zen. 1900 wurde die Goldparität pro Dollar auf 1,504632 Gramm festgelegt.

Mit dem Beginn der Weltwirtschaftskrise im Jahr 1929 belief sich der Wert einer
Unze Gold nur auf 20,67 US-Dollar, wodurch eine Erhöhung der Geldmenge, um
der Krise entgegen zu steuern, nicht durch die Goldvorräte gedeckt gewesen wäre.
Die Krise weitete sich weltweit aus und viele Staaten setzten den Goldstandard
aus, was zu einer Abwertung des Goldes führte.

In den USA wurde der private Goldbesitz ab 1. Mai 1933 durch eine sogenannte
„Executive Order 6102", unterzeichnet am 5. April 1933 von Präsident Franklin D.
Roosevelt, verboten. Das gesamte private Gold (Münzen, Barren und Zertifikate)
musste per Gesetz bei staatlichen Annahmestellen zum Festpreis von 20,67 US-
Dollar pro Unze abgegeben werden. Eine Ausnahme bildete Gold, das für indus-
trielle Zwecke, Kunst oder Handwerk benötigt wurde sowie Goldmünzen und -

zertifikate, die den Wert von 100 US-Dollar (inflationsbereinigt 2009 = 1640 US-Dollar) nicht überschritten. Bei einem Verstoß gegen diese Verordnung konnte eine Geldstrafe von bis 10.000 US-Dollar (inflationsbereinigt 164.031 US-Dollar) oder eine Gefängnisstrafe von bis zu zehn Jahren verhängt werden oder beides.

Durch die Festlegung der Freigrenze von 100 Dollar, was etwa 5 Unzen Feingold entsprach, war der größte Teil der Bevölkerung vom Verbot nicht betroffen. Deshalb gab es auch kaum Widerstand gegen die Konfiszierung. Das Goldverbot hatte für 40 Jahre Bestand.

Im Zuge des „Gold Reserve Act" vom 31. Januar 1934 wurde der Staatliche Börsenstabilisierungsfonds (Exchange Stabilization Fund) gegründet und der Goldpreis auf 35,00 US-Dollar angehoben. Mit dem Einverständnis des Präsidenten kann der Fonds in den Bereichen Gold, Devisen und anderen Kredit- und Wertpapierinstrumenten aktiv werden.

Die USA produzierten Dollar über den eigentlichen Wert ihrer Goldreserven hinaus. Die US-Dollar-Vorräte in Europa und Japan überstiegen bereits 1960 die amerikanischen Goldreserven.

Somit gab die Nixon-Regierung am 15. August 1971 bekannt, es müssten außergewöhnliche Maßnahmen ergriffen werden, um die amerikanische Wirtschaft zu schützen. Diese Maßnahmen beliefen sich auf die Auflösung des Rechts, den Dollar in Gold umzutauschen.

Anschließend musste der Dollar, gemessen am Gold, innerhalb von drei Jahren so stark an Wert einbüßen, dass er nur noch ein Fünftel seines ursprünglichen Goldwertes besaß.

Erst 1976, über 40 Jahre später, wurde das Verbot des privaten Goldbesitzes wieder aufgehoben. Heutzutage ist der US-Dollar wie sämtliche Währungen ungedeckt

6.3 Volkswagen – Deutscher Diktator gründet Automobilkonzern

Die Volkswagen AG, abgekürzt VW AG, mit Sitz in Wolfsburg, ist die Muttergesellschaft des Volkswagen-Konzerns. Der Konzern, zu dem die Marken Audi, Bentley, Bugatti, Lamborghini, Seat, Škoda, Volkswagen, Volkswagen Nutzfahrzeuge und Scania gehören, ist der größte Automobilhersteller Europas.

Ursprung des heutigen Konzerns ist die von der NS-Organisation „Kraft durch Freude" am 28. Mai 1937 in Berlin gegründete Gesellschaft zur Vorbereitung des Deutschen Volkswagens mbH (GeZuVor). Nach dem Zweiten Weltkrieg betrieb die

Militärverwaltung der Britischen Besatzungszone das Werk bei Fallersleben unter
dem Namen Wolfsburg Motor Works. Am 22. August 1960 wurde die mittlerweile
im Besitz des Landes Niedersachsen befindliche Volkswagenwerk G.m.b.H. in eine
Aktiengesellschaft umgewandelt. Auf Beschluss der Hauptversammlung 1985 ist
der Name des Unternehmens seither „Volkswagen AG".

Gründung von Volkswagen

Am 7. März 1934 forderte Adolf Hitler bei der Eröffnung der Internationalen Automobilausstellung in Berlin den Bau eines Wagens für breite Schichten der Bevölkerung. Es schwebte ihm die Konstruktion eines Autos vor, das 100 km/h Dauerge-
schwindigkeit auf der Autobahn halten kann, mit vier Sitzen für Familien geeignet
ist, sparsam im Verbrauch ist und vor allem unter 1000 Reichsmark (RM) kostet.

Ferdinand Porsche, der in Stuttgart ein eigenes Konstruktionsbüro betrieb und zuvor bereits für verschiedene Unternehmen arbeitete, erhielt am 22. Juni 1934 vom
Reichsverband der Deutschen Automobilindustrie den Entwicklungsauftrag zum
Bau eines Prototyps. Die um die Beurteilung der Machbarkeit befragten deutschen
Automobilfirmen bezweifelten, dass der Volkswagen zu Hitlers Wunschpreis von
weniger als 1000 RM zu realisieren sei. Schon andere Fahrzeugkonzepte zuvor, die
bereits den Begriff Volkswagen nutzten, konnten aufgrund zu hoher Materialkosten
und – mangels rationeller Fertigungsmethoden – zu hoher Produktionskosten nicht
zu einem „volkstümlichen" Preis angeboten werden. So hatte auf der oben er-
wähnten Automobilausstellung auch Josef Ganz einen Volkswagen mit dem Namen
Maikäfer präsentiert.

Da die Automobilindustrie an einer Subventionierung des Volkswagens kein Inte-
resse hatte, beauftragte Hitler die Deutsche Arbeitsfront (DAF) mit dem Bau der
größten Automobilfabrik Europas. Am 28. Mai 1937 wurde unter der Aufsicht des
Leiters der DAF Robert Ley die Gesellschaft zur Vorbereitung des Deutschen
Volkswagens mbH (GeZuVor) gegründet. Ihr erstes und einziges Produkt sollte der
„KdF-Wagen" (KdF = Kraft durch Freude) werden. Sie finanzierte den Aufbau des
Volkswagenwerkes vor allem aus dem Verkauf des 1933 beschlagnahmten Ge-
werkschaftsvermögens. Die spätere Produktion wurde nach einem von der DAF
entwickelten Konzept vorfinanziert, demzufolge die künftigen Käufer des Volkswagens Vorauszahlungen zu leisten hatten. Der Kaufpreis von 990 RM wurde in Raten von 5 RM angespart und mit Sparmarken auf einer Sparkarte quittiert. Allerdings ergaben 1939 die kalkulierten Kosten einen Verlust von 1080 RM für jedes
auszuliefernde Fahrzeug.

26. Mai 1938: Grundsteinlegung des Volkswagenwerkes durch Adolf Hitler. Nach
einer Bereisung durch den Geschäftsführer Bodo Lafferentz wurde der Standort
des Werkes mehr oder weniger zufällig im ländlich geprägten und dünn besiedel-
ten Gebiet bei der Gemeinde Fallersleben nahe dem Schloss Wolfsburg mit dem
dortigen Gutshof gefunden. Die 1938 neu gegründete „Stadt des KdF-Wagens bei
Fallersleben" (ab 1945 Wolfsburg) wurde von dem Architekten Peter Koller geplant.
Der Standort im Urstromtal der Aller in der geografischen Mitte des Reiches bot
verkehrsgünstige Anbindungen durch

- den Mittellandkanal,
- die Autobahn von Berlin nach Hannover (heute Bundesautobahn 2),
- die Eisenbahnstrecke Berlin-Ruhrgebiet
- und die Nähe zu Stahlwerken in Peine (Ilseder Hütte) bzw. Salzgitter („Hermann-Göring-Werke") und zur Großstadt Braunschweig.

Von besonderer Bedeutung für die Standortwahl war zusätzlich die Tatsache, dass das gesamte ausgewählte Gelände dem Grafen von der Schulenburg, Schlossherr von Wolfsburg, gehörte. Dadurch wurde der Landerwerb bedeutend einfacher.

Allerdings musste der Autobahnanschluss erst gebaut und eine Verbindung zur Eisenbahnhauptstrecke geschaffen werden. Daneben war eine ausreichende Infrastruktur zur Elektrizitäts- und Wasserversorgung sowie Telekommunikation zu errichten.

Da Ferdinand Porsche seinen Volkswagen in einer komplett neu erbauten Fabrik produzieren konnte, war es ihm möglich, das Produkt und seine Produktionsanlagen optimal aufeinander abzustimmen. So wurde die Zahl der zu pressenden Blechteile durch eine optimierte Formgebung (möglichst große Einzelbleche) reduziert. Die konsequente Fließbandfertigung orientierte sich an Beispielen von Ford in Detroit, deren Produktionsmethoden Porsche auf einer USA-Reise studierte.

Die Gesellschaft zur Vorbereitung des Deutschen Volkswagens mbH wurde 1938 in Volkswagenwerk G.m.b.H. umbenannt. Der Firmensitz war weiterhin im Haus der Deutschen Arbeitsfront in der Knesebeckstr. 48/49, Berlin W15 (Charlottenburg) . Ferdinand Porsche wurde Hauptgeschäftsführer und Mitglied des Aufsichtsrats der neuen GmbH. Dem Aufbau des Werkes bei Fallersleben als modernste Automobilfabrik Europas galt in den folgenden Jahren sein ganzes Engagement.

Der im Zweiten Weltkrieg hauptsächlich produzierte Kübelwagen im Herbst 1939 war der Rohbau der Produktionshallen fertig. Zu einer planmäßigen Produktion des KdF-Wagens (geplant waren 150.000/Jahr) kam es aber nicht mehr, denn es fehlten Spezialwerkzeugmaschinen, weil sich die Wirtschaft auf den Krieg vorbereiten musste. Der für die Produktion benötigte Stahl sollte größtenteils aus der „Stadt der Hermann-Göring-Werke" (Salzgitter) geliefert werden. KdF-Wagen, auf die viele Menschen gespart hatten, wurden nie ausgeliefert, sondern die Technik, die Porsche mitentwickelt hatte, wurde im Kübelwagen und Schwimmwagen für die Wehrmacht verwendet.

Während des Zweiten Weltkrieges wurde das Volkswagenwerk auf die Produktion von Rüstungsgütern, unter anderem auch die Vergeltungswaffe V1, umgestellt. Dies organisierte vor allem Porsches Schwiegersohn Anton Piëch, der ab 1941 Werksleiter und einer der drei Hauptgeschäftsführer war. Von 1940 bis 1945 mussten dazu etwa 20.000 Menschen im Volkswagen-Werk Zwangsarbeit leisten, darunter Kriegsgefangene und Insassen von Konzentrationslagern. 1942 wurde eigens ein KZ Arbeitsdorf angelegt, das allerdings Ende des Jahres wieder geschlossen wurde.

Am 10. April 1945 begab sich Anton Piëch mit 10 Millionen RM unter dem Vorwand
der Verlegung der Konzernleitung über Neudek nach Zell am See, wo die Familie
Porsche ein Anwesen besaß. Das Geld sollte für die Auslagerung eines Betriebsteils
des Volkswagenwerkes von Neudek in das Allgäu verwendet werden, was aber
nicht mehr möglich war. Die Gelder dienten der Finanzierung der Porsche KG. Bis
November 1945 handelte Anton Piëch als Geschäftsführer der Volkswagenwerk
G.m.b.H. und beglich Rechnungen der Porsche KG. Das Grundkapital von Porsche,
des nunmehrigen Hauptaktionärs von Volkswagen, stammt aus der Kriegskasse
von Volkswagen. Anton Piëch war Vater des heutigen Aufsichtsratsvorsitzenden
Ferdinand Piëch. Die FAZ schrieb am, 12. November 2006: „Porsche-Piëch und VW,
das ist eine uralte Beziehungskiste. Der Einstieg des kleinen Sportwagenbauers
Porsche beim größten Autohersteller auf dem europäischen Kontinent war in ge-
wisser Weise der materielle Vollzug einer Verbindung, die schon immer da war."

6.4 FED – Wie Privatbanken den US-Kongress austricksten

Das Federal Reserve System oft auch Federal Reserve oder Fed genannt, ist das
Zentralbank-System der Vereinigten Staaten, das allgemein auch US-Notenbank
genannt wird. Es besteht aus dem Board of Governors, zwölf regionalen Federal
Reserve Banks und einer Vielzahl von Mitgliedsbanken und anderen Institutionen.
Da die Mitgliedsbanken gleichzeitig die Eigentümer der Federal Reserve sind, das
Direktorium aber vom Präsidenten der Vereinigten Staaten ernannt wird, ist das
Federal Reserve System teils privat und teils staatlich strukturiert. Die FED berich-
tet regelmäßig an den Kongress über ihre Aktivitäten und ihre Pläne zur Geldpoli-
tik. Obgleich der Kongress die Macht hat, die Gesetze betreffend der Geschäftstä-
tigkeit der FED zu ändern, erfordern ihr Tagesgeschäft und ihre operativen
Entscheidungen nicht die Zustimmung des Kongresses und des Präsidenten der
Vereinigten Staaten.

1790 wurde auf Initiative des damaligen US-Finanzministers Alexander Hamilton
die „First National Bank of the United States" gegründet. Der Konzessionsvertrag
dieser ersten Zentralbank der USA lief 1811 aus und wurde nicht verlängert. 1836
wurde die Erteilung der Konzession durch Präsident Andrew Jackson abgelehnt.
1863 wurde die Konzession erneut erteilt.

Ende des 19. Jahrhunderts erlebte die amerikanische Wirtschaft eine der
schlimmsten Finanzkrisen, durch Bankzusammenbrüche und mehrfache Geldsys-
temschwankungen. Um 1900 wurden die Grundlagen für die Errichtung einer privaten Notenbank in den USA geschaffen. Jacob Schiff ließ die New Yorker Han-
delskammer bei einer Rede 1907 wissen: „Wenn wir keine Zentralbank mit einer
ausreichenden Kontrolle über die Kreditbeschaffung bekommen, dann wird dieses
Land die schärfste und tiefgreifendste Geldpanik seiner Geschichte erleben."

Der US-Kongress beschloss 1907, nach dem Ende der Wirtschaftskrise, Rahmen-
bedingungen für ein sicheres und flexibleres Bankensystem zu schaffen. Daraufhin
gründete der US-Kongress die National Monetary Commission, diese hatte zur
Aufgabe, die Lage der US-Bank und Geldsystem zu untersuchen und deren eventuellen Probleme festzustellen. Die National Monetary Commission beantragte die
Gründung einer Institution, welche die Banken lenkt, Kreditbeschaffungen kontrol-
liert und Finanz- und Geldkrisen vorbeugt beziehungsweise diese vermindert. Dies
hatte zur Folge, dass 1913 der Federal Reserve Act erlassen und damit die zentrale Bankinstanz - Federal Reserve System - gegründet wurde. Der Federal Reserve
Act ermöglicht es der Federal Reserve bis heute, Geld ohne Gegenwert zu schaffen
und es beispielsweise der amerikanischen Regierung gegen Zinsen zu leihen.

Das Federal Reserve System wurde am 23. Dezember 1913 vom Kongress der
Vereinigten Staaten geschaffen, um ein „Zentralbanksystem zu etablieren, das so
gestaltet wurde, dem nationalen Finanzsystem sowohl Flexibilität als auch Stärke
hinzuzufügen". Das Bundesgesetz sah ein System aus mehreren Regionalbanken
und einem siebenköpfigen Verwaltungsrat vor. Banken, die auf nationaler Ebene
agierten, mussten sich dem Federal Reserve System anschließen, anderen Banken
war die Beteiligung freigestellt. Für ihre Anteile erhalten die Mitgliedsbanken eine
festgelegte Dividende von 6%, die Mitgliedsbanken sind jedoch nicht am Gewinn
beteiligt, der dem Finanzministerium zufällt. Das private Geld- und Kreditsystem
wurde in den Vereinigten Staaten am 23. Dezember 1913 mit der Unterzeichnung
eines Kongressbeschlusses (Federal Reserve Act) durch Präsident Woodrow Wilson
gegründet. Dem Federal Reserve Act war eine Untersuchung des Kongresses
durch Samuel Untermyer, die Pujo Money Trust Investigation, vorangegangen.
Untermyer, als Anwalt Teilhaber der Kanzlei Guggenheimer, Untermyer & Marshall,
assistierte auch beim Entwurf des Gesetzes. Der Vorschlag zur Etablierung einer
Zentralbank nach europäischem Vorbild stammte von Paul Moritz Warburg, Teilhaber des Bankhauses Warburg in Hamburg und Kuhn, Loeb & Co. in New York. Er
wurde auch 1914 auf Vorschlag Präsident Wilsons in den Rat der amerikanischen
Zentralbank (Federal Reserve Board) berufen und zu ihrem Vizepräsidenten ernannt.

Ursprünglich waren die Leiter der regionalen Banken berechtigt Entscheidungen
bezüglich der Politik der FED zu treffen, ohne dabei Rücksicht auf die Beschlüsse
des Board of Governors zunehmen, was natürlich zu einem Konflikt zwischen den
beiden Parteien führte. Daraufhin sprach man dem Board of Governors umfangrei-
chere Kontrollrechte durch den Banking Act 1935 zu.

Die Verbindung zwischen der FED und dem US-Kongress war bis Mitte der 1970er-
Jahre eher von schwächerer Natur. Dies änderte sich aber durch den Federal Re-
serve Act 1977 und dem Humphrey-Hawkins Act 1978. Die Unabhängigkeit der
FED wurde durch diese zwei Gesetze eingeschränkt, denn sie waren fortan ver-
pflichtet zweimal jährlich einen verbindlichen Bericht über ihre Pläne bezüglich des
Umfangs verschiedener Geldaggregate abzugeben.

Die Federal Reserve spielte auch während des Zweiten Weltkrieges eine wichtige Rolle. Damit die Regierung ihre Kriegsschulden finanzieren konnte, drückte sie die Zinssätze nach unten (d. h. sie waren niedrig) Die Politik der FED verfolgte während der Kriegszeiten zwei Ziele:

1. Stabilisierung der Fluktuation, um das Risiko im Bankgeschäft zu verringern bzw. die Sicherheit im Bankgeschäft zu erhöhen; und
2. Zinssätze zugunsten der Unternehmen und des Staates niedrig zu halten.

Entsprechend der Wirtschaftslage änderte die FED ihre Geldpolitik. Auch der ursprüngliche Federal Reserve Act wurde im Laufe der Jahre mehrfach erweitert beziehungsweise nachgebessert, umso mehr Flexibilität und Funktionalität für die FED zu ermöglichen.

Mit dem Währungskontrollgesetz (Monetary Control Act), das im Juni 1981 in Kraft trat, wurde den Federal Reserve Banks unter anderem die Befugnis gegeben, nicht nur US-Staatsschuldtitel, sondern auch Staatsschuldtitel anderer Länder zu erwerben.

Der Banking Act von 1933

Der Banking Act wurde nach dem Emergency Banking Act am 9. März 1933 durch den Congress erlassen. Das Bankengesetz beinhaltete folgendes:

1. Die Federal Reserve Banken bekam die Autorität zugesprochen, die Höhe von Darlehen, die von Member Banks (Verbundbanken) zu Effekten genehmigt wurden, zu regulieren.
2. Verlangte vom Direktorium, die Auslandsbeziehungen der Federal Reserve Banken zu überwachen.
3. Liberalisierte die Regelungen für Member Banks (Verbundbanken), Außenstellen zu errichten, vornehmlich durch den Wegfall oder die Reduzierung vorher festgelegter geographischer Grenzen.
4. Verbot den Verbundbanken den Handel mit Effekten und verlangte die Trennung zu Verbundunternehmen, die mit ebensolchen handelten.
5. Verbot den Member Banks, Zinsen auf Sichteinlagen zu zahlen.
6. Verlangte von den Federal Reserve Banken (FRB), Kapital in Höhe von der Hälfte ihrer (FRB) Rückstellungen für die Federal Deposit Insurance Corporation bereitzustellen.
7. Das Direktorium erhielt die Befugnis, den Zinssatz für Termingerechte- und Spareinlagen in Member Banks zu regulieren.
8. Stellte eine Sicherung für Bankguthaben ab $2500 für eine bestimmte Zeit bereit.

6.5 Phöbuskartell – Die Brenndauer der Glühlampe wurde festgelegt

Das Phöbuskartell bezeichnet ein Gebiets-, Normen- und Typenkartell, das nachweislich im Zeitraum zwischen 1924 und 1941 bestand und aus den international führenden Glühlampenherstellern zu dieser Zeit zusammengesetzt war (eine Aufzählung einiger Mitglieder siehe unten). Ziel war offensichtlich, den technisch bedingten Kompromiss zwischen hoher Lebensdauer und hoher Lichtausbeute von Glühlampen zugunsten höherer Verkaufszahlen festzulegen.

Regulierungen durch das Kartell

Das Kartell einigte sich 1924 darauf, die Brenndauer einer Glühlampe auf 1000 Stunden festzulegen. Neben dieser Normung und Typisierung teilten die Teilnehmer des Kartells den weltweiten Markt in Untermärkte auf, die lokal begrenzt waren (Gebietskartell). Jedem der Teilnehmer wurde ein so genannter „Heimmarkt" zugestanden, in denen er, ohne die Konkurrenz der anderen Teilnehmer befürchten zu müssen, seine Produkte vertreiben konnte. Dies war besonders effektiv, da die Teilnehmer des Phöbuskartells auf dem Weltmarkt zu dieser Zeit einen Marktanteil von über 80 % besaßen. So konnte jeder der Teilnehmer des Kartells fast ohne nennenswerte Konkurrenz seine Produkte verkaufen, weshalb er die Preise auch fast nach Belieben ansetzen konnte – es gab kaum Alternativen zum Phöbuskartell.

Auflösung

Nach seiner Aufdeckung im Jahre 1941 verschwand das Kartell offiziell. Es existieren Meinungen, das Kartell habe bis in die 1990er Jahre weiterexistiert oder bestehe sogar heute noch. Für diese These gibt es jedoch weder einen Beweis noch einen klaren Gegenbeweis. Das ergibt sich auch daraus, dass die Dimensionierung von Glühlampen einen Kompromiss zwischen Lebensdauer und Lichtausbeute erfordert - mit steigender Effizienz sinkt die Lebensdauer stark ab (und umgekehrt). Es ist daher durchaus sinnvoll, sich auf eine Art Standard hinsichtlich hoher Lichtausbeute (und damit zwangsläufig geringer Lebensdauer) zu einigen, um Produkte vergleichbar und bei sinkenden Herstellungskosten energieeffizienter zu machen. Heute werben Glühlampenhersteller um ihre Produkte sowohl mit erhöhter Lebensdauer als auch mit erhöhter Effizienz.

Rechtslage

Nach heutiger Rechtslage gilt das Kartell als Gebietskartell, das ausnahmslos verboten ist (siehe Gesetz gegen Wettbewerbsbeschränkungen). Das Bundeskartellamt begründet das Verbot einerseits durch das generelle Verbot von Kartellen. Dieses kann nur in einigen Ausnahmefällen auf eine Prüfung der möglichen Kartellteilnehmer hin und nach Anhörung aller Beteiligten genehmigt werden. Das Gebietskartell selber ist in jedem Falle illegal, da

Unternehmen das Recht haben, auf jedem beliebigen Markte einzusteigen, dieses Recht würde durch die Einführung des Kartelles beschränkt

die anderen Marktteilnehmer in Nachteil geraten, da sie nach wie vor mit allen anderen Teilnehmern konkurrieren müssen
überhöhte Preise auf den neu entstandenen Untermärkten zu befürchten sind.

Mitglieder des Phöbuskartelles
Am Phöbuskartell waren alle großen internationalen Hersteller von Glühlampen beteiligt, beispielsweise:
- *General Electric*
- *Tungsram*
- *Associated Electrical Industries (Nachfolger von Thomson-Houston)*
- *Compagnie des Lampes*
- *Osram*
- *Philips*

6.6 BCCI – Der 20 Milliarden Raub

Die Bank of Credit and Commerce International (BCCI) war eine 1972 in Pakistan gegründete internationale Großbank. Auf dem Höhepunkt ihrer Geschichte operierte das Institut in 78 Ländern, hatte über 400 Niederlassungen und verfügte über Einlagen in Höhe von ca. 25 Mrd. US-Dollar. Im Jahre 1991 geriet die BCCI in den Mittelpunkt des bisher größten internationalen Finanzskandals, der als „Der größte Betrug in der Geschichte der Menschheit" und als der „Über-20-Milliarden-Raub" bezeichnet wurde.

US-amerikanische und britische Ermittlungsbehörden stellten im Verlauf ihrer Untersuchungen fest, dass das Geldinstitut in Geldwäsche, Bestechung, Waffenhandel und den Verkauf von Nukleartechnologie verwickelt war, den Terrorismus unterstützte, Steuerhinterziehung initiierte und förderte, sowie mit Schmuggel, illegaler Einwanderung, dem illegalen Kauf von Immobilien und Banken, sowie der Förderung von Prostitution in Verbindung stand. Eine von dem damaligen US-Senator John Kerry geführte Untersuchung kam zu dem eindeutigen Ergebnis, dass unter anderem der ehemalige panamaische Diktator Manuel Noriega die Bank nutzte, um Drogengeld des Medellín-Kartells zu waschen. Nach dem Zusammenbruch des Instituts stellten die Ermittler fest, dass die Bank wertlos war und mehr als 13 Mrd. US-Dollar spurlos verschwunden waren.

Die Ermittler enthüllten, dass „die BCCI bereits mit der Zielsetzung gegründet worden war, gezielt zentralisierte behördliche Überprüfungen zu vermeiden und die gesetzlichen Bestimmungen zum Bankgeheimnis weitreichend auszunutzen. Die die Bank betreffenden Vorgänge sind außergewöhnlich komplex. Die Mitarbeiter der Bank waren hochqualifizierte internationale Finanzexperten, die das offenkundige Ziel hatten, ihre Geschäftsaktivitäten geheimzuhalten, Betrug in einer außergewöhnlichen Größenordnung zu begehen und der Entdeckung zu entgehen".

Die BCCI unterhielt unternehmenseigene nachrichtendienstliche und diplomatische Strukturen sowie Speditionen und Handelsunternehmen.

Das als Konkursverwalter eingesetzte Unternehmen Deloitte & Touche initiierte ein Verfahren gegen die beiden mit der Revision des Instituts beauftragten Prüfungs- und Beratungsgesellschaften Price Waterhouse und Ernst & Young, es wurde 1998 gegen eine Zahlung von 175 Mio. US$ eingestellt. 1999 wurde eine weitere Klage über rund 400 Mio. US$ gegen den Emir von Abu Dhabi Zayid bin Sultan Al Nahyan eingereicht, der der bedeutendste Anteilseigner der Bank war. Gläubiger des Instituts reichten in Folge der Insolvenz auch eine Klage über 1 Mrd. US$ gegen die Bank of England aufgrund ihrer Rolle als Genehmigungsbehörde ein. Im Januar 2004 wurde der Prozess nach einem neunjährigen Streit um die gesetzliche Immunität des britischen Instituts eröffnet; im November 2005 stellte der Konkursverwalter Deloitte & Touche nach einer Entscheidung des Londoner High Court sämtliche Maßnahmen gegen die britische Institution ein, da er sie nicht länger als im Interesse der Gläubiger liegend betrachtete. Die Verfahrenskosten beider Seiten beliefen sich auf mehr als 100 Mio. £.

Geschichte der BCCI
Die BCCI wurde 1972 von dem aus Indien stammenden Agha Hasan Abedi in Pakistan gegründet. Abedi hatte bereits 1959 die United Bank Ltd (UBL) als United Bank of Pakistan gegründet und entschloss sich, nach der Verstaatlichung dieses Instituts im Jahre 1971 eine neue internationale Bank zu schaffen.

Das Kapital zur Gründung des neuen Instituts stammte von Sheikh Zayed bin Sultan Al Nahayan, Emir von Abu Dhabi in den Vereinigten Arabischen Emiraten, sowie der Bank of America (25 %). Mehrere Autoren gehen davon aus, dass sich auch die CIA bei der Gründung der Bank finanziell erheblich engagierte. Der amerikanische Nachrichtendienst benötigte einen Finanzierungskanal zur Unterstützung der afghanischen Mudschahidin-Gruppierungen ähnlich dem Investors Overseas Service und der Nugan Hand Bank in den 1970er Jahren. Die Mehrheit des Gründungskapitals der BCCI stammte ursprünglich aus Abu Dhabi.

In den 1970er Jahren wuchs die BCCI sehr schnell und stellte hierbei das Wachstum der Einlagenhöhe gegenüber dem Gewinn in den Vordergrund, sie zielte hierbei insbesondere auf Personen mit hohem Eigenkapital und auf die Schaffung hoher regulärer Bankguthaben ab. Das Unternehmen differenzierte sich im Verlauf des rasanten Wachstums immer stärker zu einer Firmengruppe aus, so teilte sich die Bank im Rahmen der BCCI Holdings in die BCCI S. A. (Luxembourg) und die BCCI Overseas (Grand Cayman).

Parallel erwarb die BCCI weitere Banken, beispielsweise 1976 die Banque de Commerce et Placements (BCP) (Genf), und gründete die KIFCO (Kuwait International Finance Company), die Credit & Finance Corporation Ltd, und eine Reihe von Firmen mit Sitz auf den Cayman-Inseln, die unter der Bezeichnung ICIC (International Credit and Investment Company Overseas, International Credit and Commerce Overseas, usw.) agierten. Das Institut wuchs rasant. 1973 wies die BCCI

mit 19 Niederlassungen in fünf Ländern Einlagen in Höhe von 200 Mio.US$ auf,
1974 betrieb die Bank bereits 27 und 1976 108 Niederlassungen bei einer Einlage-
summe von 1,6 Mrd. US-Dollar.

Das Wachstum zog erhebliche Finanzierungsprobleme nach sich. Bereits 1977 war
die finanzielle Zwangslage der Bank so existentiell bedrohlich, dass die britische
Zeitung The Guardian später dazu feststellte, dass zu diesem Zeitpunkt „... die
1975 gegründete BCCI 1977 mit großer Sicherheit bereits insolvent war". Um den
Geschäftsbetrieb aufrecht erhalten zu können, ging die Bank in Folge dazu über,
ihre Betriebskosten ähnlich einem Schneeballsystem aus den Einlagen ihrer Kunden zu decken, statt diese anzulegen. Dennoch setzte die BCCI ihren Expansions-
kurs fort und betrat 1979 den afrikanischen und in den frühen 1980er Jahren den
asiatischen Finanzmarkt. Sie war eine der ersten ausländischen Banken, die eine
Banklizenz für die chinesische Sonderwirtschaftszone Shenzhen erhielten. Einige
der bedeutendsten chinesischen Großbanken waren Depositeninhaber in der
Shenzhen-Niederlassung der BCCI.

1980 verfügte die BCCI über Einlagen in Höhe von über 4 Mrd. US$ und über 150
Niederlassungen in 46 Ländern. Die Bank of America als Abedis ursprünglicher Geschäftspartner in den USA war bestürzt über das Geschäftsgebaren des Partners
und reduzierte 1980 seine Beteiligung an der BCCI. In Folge wurden die Unter-
nehmensanteile durch mehrere andere Unternehmensgruppen gehalten, von denen die ICIC mit einem Anteil in Höhe von 70 Prozent die bedeutendste war. 1989
wurde der Anteil von ICIC auf 11 Prozent reduziert, während Unternehmensgruppen aus Abu Dhabi fast 40 Prozent der Anteile hielten und BCCI Strohmänner weitere bedeutende Anteile hielten.

1991 benannte das Time Magazine in einer umfassenden Titelgeschichte die pro-
minentesten Kunden des Instituts, unter anderem den Führer der Contras Adolfo
Calero, Daniel Noriega, Saddam Hussein, Daniel Ortega, Ferdinand Marcos, den
peruanischen Präsidenten Alan Garcia und Waffenhändler wie zum Beispiel Adnan
Khashoggi.

Der strukturelle Aufbau des Geldinstituts war ungewöhnlich. Er beruhte auf einer
strikten Abschottung der einzelnen Gliederungen der Organisationsstruktur. Die
Bank verfügte über 248 Manager und General Manager, die allesamt nur an zwei
Personen an der Unternehmensspitze, Abedi und den Vorstandsvorsitzenden (CEO)
Swaleh Naqvi, zu berichten hatten.

Der in den USA sehr bekannte Strafverteidiger Francis Lee Bailey und der Staats-
anwalt des Bundesstaates Florida Richard Gerstein waren Direktoren der CenTrust
Federal Savings Bank, einem erfolglosen Ableger der BCCI.

Die BCCI hatte ein ungewöhnliches jährliches Prüfungssystem: Price Waterhouse
betreute als zuständiger Prüfer BCCI Overseas, während Ernst & Young BCCI und
BCCI Holdings (London und Luxemburg) auditierte. Andere Unternehmen wie KIF-
CO und ICIC wurden weder von dem einen noch von dem anderen Prüfer durch-

leuchtet. Im Oktober 1985 wiesen die Bank of England und Zentralbank Luxemburgs, nachdem sie auf Berichte über finanzielle Verluste der BCCI an den Warentermin- und Finanzmärkten aufmerksam geworden waren, die Bank an, zukünftig auf die Prüfung durch einen einheitlichen Prüfer umzustellen. Price Waterhouse übernahm 1987 die Rolle des ausschließlich zuständigen Prüfers.

1988 wurde die BCCI in Tampa, Florida in ein auf Drogengeld basierendes Geldwäschesystem verwickelt, den sogenannten Fall C-Chase. In diesem Zusammenhang wurde die BCCI als Geldwäscheeinrichtung der CIA bezeichnet. Die BCCI bekannte sich 1990 auf Grundlage des Respondeat Superior schuldig.

1990 enthüllte eine Wirtschaftsprüfung durch Price Waterhouse einen unerklärlichen Verlust über mehrere 100 Mio. US$. Nach anschließenden Gesprächen der Bank mit Scheich Zayed glich dieser die Verluste aus und erhöhte im Gegenzug einen Anteil am Unternehmen auf 78 Prozent. In Folge dieser Anteilserhöhung wurde ein großer Teil der Firmenunterlagen der BCCI nach Abu Dhabi verbracht.

Der Sandstorm-Bericht
Im März 1991 beauftragte die Bank of England die Prüfungsgesellschaft Price Waterhouse mit einer Untersuchung. Am 24. Juni 1991 übergaben die Prüfer ihre Ergebnisse in Gestalt des Sandstorm-Berichts, wobei der Begriff „Sandstorm" als Tarnname für die BCCI verwendet wurde. Der Bericht kam zu dem Ergebnis, dass die BCCI weitreichend in „Betrügereien und Manipulationen" verwickelt war. Der Bericht wird von den Behörden Großbritanniens noch immer größtenteils unter Verschluss gehalten.

Unterstützung des Terrorismus
Lord Justice Binghams Bericht zeigt, dass der MI5 bereits 1987 über die Nutzung der BCCI durch Abu Nidal informiert war.Der Sandstorm-Bericht berichtete in den durch Indiskretionen in die Hände der The Sunday Times gelangten Teilen darüber, wie die Gruppe des Terroristen Abu Nidal, die Abu Nidal Organisation (ANO), die Niederlassung der BCCI in der Londoner Sloane Street als Geschäftsverbindung nutzte. Der britische Inlandsnachrichtendienst MI 5 hatte zwei Quellen in der Niederlassung des Geldinstituts angeworben, die ihm Kopien aller Dokumente, die mit den Konten des Terroristen in Verbindung standen, zukommen ließen. Eine dieser Quellen war der in Syrien geborene Abteilungsleiter Ghassan Qassem, der zweite ein junger britischer Angestellter. Qassem schilderte Reportern später, dass er Abu Nidal, der in diesem Fall den Namen Shakir Farhan nutzte, in London wiederholt durch mehrere Geschäfte geführt habe, um ihm beim Kauf einer Krawatte und Zigarren zu helfen, ohne zu erkennen, wer dieser war. Diese Enthüllung führte 1991 zu einer der wohl bekanntesten Schlagzeilen der englischen Zeitung London Evening Standard: "I Took Abu Nidal Shopping." ("Ich führte Abu Nidal einkaufen").

Der Verbindungsmann Abu Nidals zu den BCCI-Konten war ein im Irak lebender Araber namens Samir Najmeddin oder Najmedeen. Während der 1980er Jahre stellte die BCCI Kreditbriefe über mehrere Millionen US$ für Najmeddin aus, die größtenteils für Waffengeschäfte mit dem Irak verwendet wurden. Qassem schwor später in einem Affidavit, dass Najmeddin häufig von einem Amerikaner begleitet wurde, den Qassem später als den Finanzier Marc Rich identifizierte. Rich wurde später in einem anderen Zusammenhang in den USA wegen Steuerhinterziehung und illegaler Geschäfte angeklagt, floh aus dem Land und erhielt schließlich am 20. Januar 2001 von Bill Clinton eine umstrittene Begnadigung.

Nachdem Thomas Henry Bingham, Lord Chief Justice of England and Wales im Oktober 1992 seine öffentliche Untersuchung zur Schließung der BCCI abgeschlossen hatte, schrieb er einen als geheim eingestuften 30-seitigen Anhang (zumeist als Appendix 8 bezeichnet), in dem er auf die Rolle der Nachrichtendienste in diesen Vorgängen einging. Das Dokument zeigt, dass der MI5 1987 erfahren hatte, dass Abu Nidal eine Firma namens SAS Trade and Investment in Warschau als Tarnung für Waffengeschäfte der ANO verwendete, deren Direktor der in Bagdad lebende Najmeddin war. Sämtliche Geschäfte der SAS wurden über die BCCI Niederlassung in der Sloane Street abgewickelt, darunter der Kauf von verschiedenen Feuerwaffen, Nachtsichtgeräten und gepanzerten Mercedes-Benz-Fahrzeugen, die mit getarnten Granatwerfern ausgestattet waren. Die US$-Umsätze bei diesen Geschäften bewegten sich häufig im zweistelligen Millionenbereich. Finanziert wurden sie durch irreführende Kreditbriefe der Sloane-Street-Niederlassung der BCCI.

Die Bankunterlagen bewiesen Waffengeschäfte der ANO mit mehreren Staaten im Nahen Osten und der DDR. Diese Transaktionen wurden von 1987 bis zur Schließung der Bank 1991 durch britische Nachrichtendienste und die CIA überwacht, sie wurden nicht unterbunden, weder die betroffenen ANO-Mitglieder noch die Lieferanten wurden verhaftet.

Offizielle Schließung des Instituts
Am 5. Juli 1991 schloss die Bank of England die BCCI. Ungefähr eine Million Anleger wurden durch diese Entscheidung betroffen.

1992 übergaben die US-Senatoren John Kerry and Hank Brown einen gemeinsamen Bericht über die BCCI an das United States Senate Committee on Foreign Relations. Der Skandal um die BCCI war Bestandteil einer Reihe von Verbrechen und Katastrophen, die in Großbritannien zur Verabschiedung des Public Interest Disclosure Act 1998 führten.

Der Bericht kam zu dem Ergebnis, dass der ehemalige US-Verteidigungsminister Clark Clifford und sein Geschäftspartner, der Kaufmann Robert A. Altman, mit der Bank von 1978 bis 1991 in regelmäßigen, engen Beziehungen standen, nachdem der enge Berater Jimmy Carters, Thomas Bertram Lance, den Kontakt hergestellt hatte. Clifford und Altman sagten gegenüber dem Komitee aus, dass sie keinerlei verdächtiges Verhalten der BCCI beobachtet hätten. Die US-amerikanischen Bundesbehörden erhoben zunächst Anklage und brachten ein lebenslanges Verbot gewerblichen Bankhandelns ins Gespräch. Aufgrund des hohen Alters und des sich schnell verschlechternden Gesundheitszustands Cliffords wurden diese Maßnahmen bei ihm nicht mehr umgesetzt. Altman wurde hingegen durch den New Yorker Bezirksstaatsanwalt Robert Morganthau angeklagt. Obwohl der Prozess keine

Haftstrafe nach sich zog, stimmte Altman einem lebenslangen Verbot gewerblicher Banktätigkeit zu, bei einem eventuellen Verstoß droht ihm die Strafverfolgung durch die Securities and Exchange Commission.
Agha Hasan Abedi starb 1995 in Pakistan, nachdem sämtliche Forderungen nach seiner Auslieferung von den dortigen Behörden abgelehnt worden waren.

Abbas Gokal erhielt mit 14, später auf 17 Jahren verlängert, die schärfste Bestrafung für einen Betrug in der jüngeren britischen Geschichte.

Swaleh Naqvi wurde sowohl in Abu Dhabi als auch den USA zu langjährigen Haftstrafen verurteilt. In beiden Ländern kam es im Umfeld der Ermittlungen zu weiteren Verurteilungen.

Im Jahr 2002 stellten Denis Robert und Ernest Backes, die ehemalige Nummer Drei der häufig auch als „Bank der Banken" bezeichneten Clearinggesellschaft Clearstream fest, dass die Aktivitäten der BCCI nach deren offiziellen Schließung anscheinend unter Verwendung der Microfiches der illegalen Geheimkonten Clearstreams fortgeführt worden waren.

6.7 Die I.G. Farben und der NS-Staat

Der Verwaltungsrat der IG Farben AG (vor 1935)1926 begann in Leuna die Herstellung von synthetischem Benzin, nach dem Bergius-Verfahren aus Kohle hydriert. Es bestand die Gefahr, dass dies eine der größten Fehlinvestitionen werden würde, weil die Gestehungskosten immer höher waren als beim durch Erdöldestillation gewonnenen Benzin. Mittelfristig war ohne Hilfe des Staates die Benzinsynthese nicht überlebensfähig.

Deshalb suchte im Sommer 1932 der Direktor der Leunawerke Heinrich Bütefisch den Kontakt zu Adolf Hitler in München, um herauszufinden, ob das für den Weltmarkt zu teure synthetische Benzin der I.G. auch weiterhin durch Schutzzölle konkurrenzfähig gemacht würde. Hitler versicherte ihm, dass er deutschen Treibstoff für ein politisch unabhängiges Deutschland für zwingend notwendig erachte. Dies waren nach Carl Bosch „vernünftige Ansichten", die 1932 mit der höchsten Einzelspende der deutschen Industrie in Höhe von 400.000 Reichsmark im Rahmen von Hitlers Wahlkampf unterstützt wurden. Unter dem Vorsitz von Carl Bosch stimmte die I.G.-Farben-Generalversammlung Anfang Dezember 1932 dem Programm der „Agrarkartellierung" zu, einem Interessenkompromiss von Industrie und Großagrariern. Dieser Entschluss des damals größten Konzerns Europas bereitete auch den Weg zur NS-Diktatur.

Beim Geheimtreffen vom 20. Februar 1933, auf dem eine Gruppe von Industriellen einen Wahlfonds von 3 Millionen Reichsmark für die NSDAP beschloss, nahm als

Vertreter der I.G. das Vorstandsmitglied Georg von Schnitzler teil. Die I.G. beteiligte sich an diesem Wahlfonds mit 400.000 Reichsmark.

Die neue Regierung schloss dafür noch 1933 mit der I.G.-Farben einen Vertrag über Absatz- und Mindestpreisgarantie für 350.000 Tonnen synthetisches Benzin und bewahrte so das Unternehmen vor insgesamt 300 Millionen Reichsmark Verlust. 1935 wurde Hermann Schmitz Nachfolger von Carl Bosch als Vorstandsvorsitzender und 1940 Carl Krauch Nachfolger als Aufsichtsratsvorsitzender. Krauch hatte eine Doppelfunktion. Er machte auch in der Regierung Karriere und brachte es bis zum Direktor der rüstungswirtschaftlichen Kommandozentrale und Bevollmächtigten für Sonderfragen der chemischen Produktion. Bis 1937 waren nahezu alle Direktoren der I.G. Mitglied der NSDAP. Die Aufsichtsratsmitglieder der I.G. nannten sich im internen Kreis „Der Rat der Götter".

Die I.G. Farben expandierte stark, auch durch „Arisierungen", zum Beispiel des vormaligen Konkurrenten Aussiger Verein. Ihr gehörten zu Spitzenzeiten in Deutschland 200 Werke, sowie etwa 400 deutsche und 500 ausländische Unternehmensbeteiligungen. Aufgrund dieser Expansion wurde die I.G. Farben seinerzeit das größte Unternehmen Europas und das viertgrößte der Welt (nach General Motors, US Steel und Standard Oil).

Die Vorkriegsepoche
Die Ruine der Hydrierwerke Pölitz AG in Pölitz, ehemals Hinterpommern, heute Woiwodschaft Westpommern in PolenMit der Stickstoffproduktion zur Herstellung von Munition, Buna (einem synthetischen Kautschukersatz), sowie synthetischem Benzin aus Kohle und Magnesium unter der Bezeichnung Elektron waren so vor dem und im Zweiten Weltkrieg bei entsprechenden Mengen- und Preisgarantien durch die Machthaber höchst profitable Geschäfte zu machen. Weitere bekannte Produkte von I.G. Farben waren u.a. der Kunststoff Perlon und der Nervenkampfstoff Tabun.

Die seit 1929 mit der Standard Oil of New Jersey bestehenden Geschäftsbeziehungen (und Kartellabsprachen) wurden auch während des Zweiten Weltkriegs aufrechterhalten. Die I.G. spielte eine wichtige Rolle im Vierjahresplan. So basierte Hitlers Denkschrift zum Vierjahresplan auf Unterlagen der I.G., und in der Folge wurden viele Posten der Vierjahresplanbehörde mit deren Mitarbeitern besetzt, denen die I.G. außerordentlich hohe Gehälter zahlte, um sie mit dem Konzern verbunden zu halten.

Der Vorstandsvorsitzende der I.G. Farben und Generalbevollmächtigte für Sonderfragen der chemischen Erzeugung Carl Krauch forderte am 28. April 1939, vor dem Generalrat des Vierjahresplans:

„Heute wie 1914 erscheint die deutsche politische und wirtschaftliche Lage – eine von der Welt belagerte Festung – eine rasche Kriegsentscheidung durch Vernichtungsschläge gleich zu Beginn der Feindseligkeiten zu verlangen. [...] Deutschland muß das eigene Kriegspotential und das seiner Verbündeten so stärken, daß die

Koalition den Anstrengungen fast der ganzen übrigen Welt gewachsen ist."

Zweiter Weltkrieg und der Weg nach Auschwitz

Von den 43 Hauptprodukten der I.G. während des Krieges waren 28 Produkte von rüstungswirtschaftlicher Bedeutung. Die I.G. Farben übernahm eine Reihe von Chemiewerken in den besetzten Gebieten, wie die Apollo-Raffinerie in Bratislava oder die in jüdischem Besitz befindlichen Skoda-Werke Wetzler.

Eine Tochtergesellschaft der Degussa AG und der I.G. Farben, die Deutsche Gesellschaft für Schädlingsbekämpfung (Degesch), vertrieb das Schädlingsbekämpfungsmittel Zyklon B, das in den Gaskammern des Vernichtungslagers Auschwitz-Birkenau zum Massenmord eingesetzt wurde.

Der starke Bedarf an Rohstoffen zur Kriegsführung, wie Synthetikkautschuk und -benzin, führte 1941 zur Errichtung einer großen Bunafabrik in Auschwitz. Die Finanzierungskosten in Höhe von ca. 1 Mrd. Reichsmark trug die I.G. Farben allein, um so Herr im eigenen Haus bleiben zu können. Für die Häftlinge, welche die Fabrik bauen mussten, wurde extra das Konzentrationslager Monowitz, Auschwitz III errichtet.

Die Wahl von Auschwitz für den Betrieb der Fabrik war eher zufällig. Während Himmler über die Eignung von Auschwitz als Ort für eine östliche Modellsiedlung nachsann, fiel die Wahl von Otto Ambros, einem Direktionsmitglied des Unternehmens, völlig unabhängig von diesen Plänen auf dieselbe Region. Dabei dachte er an die für den Betrieb der Fabrik benötigten 525.000 Kubikmeter Wasser/Stunde, an eine gute Eisenbahnanbindung und den geforderten luftgesicherten Raum. Bei einer Sichtung der verfügbaren Flächen hatte er sich Ende 1940 auf den Zusammenfluss dreier Flüsse festgelegt: der Sola, der unteren Weichsel und der Przemsza. Die nächstgelegene Kleinstadt war Auschwitz. Aufgrund einer Anfrage von Ambros lieferten ihm die dortigen deutschen Bürgermeister daraufhin eine Fülle von Informationen. Durch puren Zufall entwickelte sich nun zweierlei gleichzeitig: Himmler wollte beim Aufbau seiner Kolonien im Osten große Mengen von Zwangsarbeitern einsetzen und die I.G. Farben konnte nun auf diese im großen Umfang zurückgreifen, da man große Bedenken hatte, ob die Region den nötigen Komfort für die anfangs gedachten deutschen Arbeiter bieten könne. Man ging eine unheilvolle Symbiose ein: Die SS war für die Verfügbarkeit und Bewachung der Gefangenen zuständig und die I.G. würde die Investitionen tätigen und das Baumaterial heranschaffen. Beim Bau und Betrieb dieser riesigen Fabrik, die eine Fläche von ungefähr 30 km² einnahm, ließen nach Schätzungen 20.000 bis 25.000 Menschen ihr Leben. Die Anlage sollte aufgrund des Kriegsverlaufs nie Kunstkautschuk oder andere synthetische Stoffe (außer Methanol) produzieren. Dies resultierte unter anderem daraus, dass die immensen Anstrengungen zur Herstellung von synthetischen Produkten zu einem Verbund voneinander abhängiger Fertigungsanlagen geführt hatte, welche äußerst anfällig für Bombenangriffe waren. Das Buna-Werk von Auschwitz wird auch heute betrieben und ist die mit Abstand größte Kunstkautschuk-Fabrik Polens.

6.8 Das geheime Ersatzgeld der Deutschen Bundesbank

Die Bundeskassenscheine waren Reservebanknoten der Deutschen Mark. Sie wurden von der Deutschen Bundesbank jahrzehntelang (1960–1988) als Ersatz für die offizielle Ausgabe der Deutschen Mark bereitgehalten, jedoch nie ausgegeben bzw. in Umlauf gebracht. Die Entwicklung und Herstellung der Banknoten erfolgte unter äußerster Geheimhaltung, da bei Wissen um ihre Gestaltung der Ausgabezweck vergeblich gewesen wäre. Die genauen Hintergründe der inzwischen weitgehend vernichteten Sonderbanknoten sind bis heute nicht bekannt.

Die drei Serien der geheimen Währung
Das Ersatzgeld wurde in drei voneinander unabhängigen Serien hergestellt:
Die erste Serie, noch ohne den Aufdruck Bundeskassenschein, wurde Anfang der sechziger Jahre von dem Grafiker Max Bittrof entwickelt und lautete auf die Nennwerte 5, 10, 20, 50 und 100 DM. Sie ähnelte den damals offiziellen Geldscheinen in ihrer Anmutung sehr stark.
Im Jahre 1967 erschien die zweite Serie mit den Wertstufen 5, 10 und 50 Pfennig sowie 1 und 2 DM. Diese Bundeskassenscheine sehen wie Spielgeld aus - sie enthalten weder Bilder noch Zeichnungen, sondern nur altertümlich wirkende Verzierungen, Buchstaben und Ziffern.
Eine von Rudolf Gerhardt entwickelte Serie wurde nur für West-Berlin bereitgehalten.

Über den Sinn der Ersatznoten gibt es folgende Vermutungen:
In der Zeit des Kalten Krieges gab es das Krisenszenario, dass die Staaten des Warschauer Pakts den Markt mit gewaltigen Mengen an gefälschten Markscheinen überschwemmen könnten, um so der Bundesrepublik und der westlichen Welt einen immensen wirtschaftlichen Schaden zuzufügen.
Eine andere Notfallsituation für die Ausgabe des Ersatzgeldes wäre eine Hyperinflation wie 1923 gewesen (Deutsche Inflation 1914 bis 1923).
Man hätte so wesentlich schneller reagieren können, als es im Falle einer erst zu entwickelnden neuen Notenserie möglich gewesen wäre. Weitere Hinweise dafür, dass das Geld für Krisenzeiten gedacht war, ist die Existenz einer eigenen Berlin-Ausgabe und die Tatsache, dass auch Pfennig-Beträge mit Papiergeld realisiert wurden, denn in Krisenzeiten übersteigt der Metall- schnell den Nennwert, was zum Einschmelzen der Münzen im großen Stil führen kann.

Der geheime Bunker der Deutschen Bundesbank
Die Notstandwährung wurde in einem extra gebauten Bunker der Deutschen Bundesbank in Cochem aufbewahrt. Die Bunkeranlage wurde von der Deutschen Bundesbank zwischen 1962 und 1964 ca. 30 Meter unter der Erdoberfläche errichtet. Die Standortwahl fiel bewusst auf Cochem, da das Moseltal einen sehr guten Schutz beispielsweise vor einer atomaren Druckwelle bietet.

Der oberirdische Teil der Anlage war als Schulungsheim der Deutschen Bundesbank in einem Wohngebiet getarnt. Der Bunker hat zwei Haupt- und zwei Notzugänge. Die Hauptzugänge sind zum einen im Keller des Schulungsheims und zum

anderen getarnt als Doppelgarage, die Notausstiege im hinteren Teil des Gartens
sind durch Bäume und Sträucher getarnt.

Von 1964 bis 1988 wurden in der streng geheimen Anlage bis zu 15 Mrd. Mark ge-
lagert, die Deutschland im Falle einer Hyperinflation, verursacht durch den Kalten
Krieg, vor einer nationalen Krise bewahren sollten.

Vernichtung
Da Ende der achtziger Jahre die Fälschungssicherheit nicht mehr ausreichend war
und wohl auch die politische Situation viele Krisenszenarien nicht mehr so prekär
erscheinen ließ, wurde die Vernichtung des Ersatzgeldes beschlossen. Bis zu seiner
Vernichtung lagerte es im Bundesbankbunker am Ausweichsitz der Deutschen
Bundesbank in Cochem-Cond/Mosel. Den privaten Entsorgungsfirmen kamen jedoch erhebliche Mengen der Bundeskassenscheine "abhanden", so dass bis heute
noch einige Scheine im Umlauf sind, die bei öffentlichem Angebot jedoch sofort
von der Bundesbank als Hehlerware deklariert und beschlagnahmt werden. Noten
der Bittrof-Serie sind bis auf einige Exemplare des 5-DM-Scheins nach wie vor unter Verschluss oder wurden erfolgreich vernichtet.

Bibliografische Information der Deutschen Nationalbibliothek

Die Deutsche Nationalbibliothek verzeichnet diese Publikation in der Deutschen Nationalbibliografie; detaillierte bibliografische Daten sind im Internet über http://dnb.d-nb.de abrufbar.

Originalausgabe
Printed in Germany

© 2010 Autor: Phil Logphie, Frankfurt - Phil-Logphie@email.de

Herstellung und Verlag: Books on Demand GmbH, Norderstedt

Alle Rechte vorbehalten. Reproduktionen, Speicherung in Datenverarbeitungsanlagen, Wieder auf elektronischen, fotomechanischen oder ähnlichen Wegen nur mit ausdrücklicher Genehmigung des Copyrightinhabers.

Text: Einige Texte entstammen aus Wikipedia und unterliegen der Creative-Commons-Lizenz (siehe Lizenzbestimmungen).

Bildnachweis: Fotolia, Fotograf: Eriche, Schweden

Alle Fakten wurden nach bestem Wissen und Gewissen recherchiert. Für eine absolute Richtigkeit der Angaben kann keine Gewähr geleistet werden. Der Autor ist für Hinweise und Verbesserungsvorschläge jederzeit dankbar.

ISBN 978-3-842-33315-4